Menorca

Angelika König

DUMONT direkt

Inhalt

Idyllische Finca mit den typischen Gattertoren

¡Bienvenidos!

Zu Gast in Menorca

Orte von A bis Z

Getrocknete Kräuter von der Insel
als schönes Souvenir

12 Highlights

Extra-Touren

19 Reisetipps Menorca

Menorca im Internet

Surftipps

Es gibt eine große Vielfalt an Menorca-Seiten, meist auch in deutscher Sprache oder mehrsprachig.
Landeskennung: .es

Hotelbuchungen

Fast alle in diesem Führer empfohlenen Hotels besitzen ihre eigene Webseite und/oder E-Mail-Adresse. Einen Gesamtüberblick über das Hotelangebot der Insel bieten die Webseiten des Inselrats (s. u.) und die menorquinische Hotelvereinigung (ASHOME). Seit einigen Jahren verfügt diese Organisation auch über eine Reservierungszentrale:
www.visitmenorca.com

Offizielle Websites

www.e-menorca.org
Offizielle Webseite des menorquinischen Inselrats (Consell Insular) in mehreren Sprachen mit Informationen über Menorca als Biosphärenreservat, Infos zu den Landschaften, Stränden, Veranstaltungskalender, Hotelübersicht und aktuelle Nachrichten.
www.menorca.es
2009 ins Netz gehende, offizielle Seite des menorquinischen Fremdenverkehrsbüros mit zahlreichen Infos zu Sehenswürdigkeiten, Veranstaltungen, Ausflügen und sportlichen Aktivitäten.
www.spain.info.com
Offizielle Webseite des spanischen Fremdenverkehrsamtes auf Spanisch und Englisch zur Kultur, Landes- und Regioneninformationen sowie weiterführende Links zu ähnlichen Seiten.
www.visitbalears.com
Offizielle Webseite der Balearen, nach den einzelnen Inseln gegliedert, mit aktuellen Infos und Veranstaltungskalender.
www.gobmenorca.com
Webseite der Umweltschutzgruppe GOB (nur in Englisch und Spanisch).
www.ciutadella.org
Sehenswürdigkeiten, Museen und Strände im Gemeindebezirk von Ciutadella. Veranstaltungskalender.
www.ajmao.org
Informationen über das Gemeindegebiet der Inselhauptstadt Maó: Rundgänge, Hinweise zu grünem Tourismus, Angebot mit einfachen Wanderrouten u.v.m.

Private Websites

www.menorca-web.de
Allgemeine Informationen über die Insel, Reiseplaner, Buchempfehlungen, Forum mit Reiseberichten, Tipps.
www.menorca-info.de
Tipps und Service rund um Menorca, Forum und Links.
www.menorcaweb.com
Private Webseite, auf der alle Unternehmen und Dienstleistungsbetriebe Menorcas wie in einem Nachschlagewerk aufgeführt sind.

Internet-Cafés vor Ort

Immer mehr Urlauber möchten auch während der Ferien online erreichbar sein. Die besten Internet-Workstations befinden sich in …
Maó: Casa del Inmigrante,
Carrer Miguel de Veri 23
(gegenüber Hotel Capri, s. S. 83).
Es Mercadal: Ca n'Internet,
Avinguda Mestre Gari 48,
Tel. 971 37 53 59 (s. S. 71).
Ciutadella: Café Internet, Plaça dels Pins 37, Tel. 971 38 42 15 (s. S. 63).

Das Wetter

www.e-menorca.org

¡Bienve

Wie eine Festung aus Stein – schroff und abweisend – präsentiert sich Menorca auf den ersten Blick. Erst bei genauerem Hinsehen offenbart die zweitgrößte Baleareninsel ihre versteckten Reize: faszinierende, ursprüngliche Natur mit fruchtbaren Schluchten, lieblichen Badebuchten und sanft gewelltem Hügelland. Rund um die blendend weiß gekalkten Bauernhäuser erstreckt sich eine von Men-

nidos!

schenhand geschaffene Kulturlandschaft mit kunstvoll aufgeschichteten Trockensteinmauern, rätselhaften Steinmonumenten aus grauer Vorzeit und zahlreichen kulturellen und kulinarischen Highlights. Im Westen liegt Ciutadella, eine der schönsten Städte Spaniens, und im Osten erstreckt sich Port Maó, der größte Naturhafen im Mittelmeer.

Willkommen

Die rassigen Vollblüter haben an den zahlreichen Festtagen ihren Auftritt

Menorca – Die spröde Schönheit

Dunkler Schiefer, steinige Felder, stachelige Vegetation, eine flache Landschaft ohne besondere Höhen und Tiefen lassen die Insel anfangs recht monoton erscheinen. Aber der erste Eindruck täuscht, denn bei Streifzügen durch duftende Kiefern- und Steineichenwäldchen, über grüne Weiden und blühende Wiesen, lernt man die verborgenen Schönheiten der Insel kennen: gepflegte Gemüsegärtchen, Orchideen, die in feuchten Talsohlen blühen, blitzsaubere Bauernhöfe und blumenumrankte schneeweiße Ferienhäuser. Schon im Januar verwandeln sich die grünen Felder in gelbe Blütenteppiche, auf denen pechschwarze Pferde weiden und mehr als 20 000 Kühe grasen, deren Milch für die Herstellung des berühmten menorquinischen Kuhkäses, dem Queso Mahón-Menorca, verwendet wird. Oft gibt es im Winter lange sonnige Perioden mit Temperaturen um die 15 °C. Nur ab und zu fegt der kräftige Tramuntana-Nordwind über die 700 km^2 große Insel, beugt knorrige Olivenbäume und formt Sträucher zu stacheligen Kissen, aus denen im Frühjahr winzige Blüten sprießen, wenn alle Felder mit leuchtend roten Mohnblumen und blauen Disteln überzogen sind und gelber Hornklee in goldenen Bändern die Straßenränder säumt. Auf den Feldern stehen pyramidenförmig gebaute Viehställe und von Mauern eingekreiste Feigenbäume, vor prachtvollen Herrensitzen ragen dicke Dattelpalmen und stolze Araukarien in den blauen Himmel.

Kulinarische Highlights und britisches Erbe

In malerischen Dörfern warten schicke Boutiquen und gestylte Lokale, in denen die Küchenchefs Trends und Traditionen pflegen. Menorca bietet eine bemerkenswerte Gastronomie: von der berühmten *Caldereta de Llagosta* (Langusten-Eintopf) und im Ofen gegartem Fisch über menorquinische Gemüsegerichte bis hin zur Mayonnaise. In lauschigen Restaurants, oft untergebracht in historischen Gebäuden wie alten Mehlfabriken, Getreidemühlen oder in den Fischerhöhlen von Cales Fonts werden Feinschmecker liebevoll umsorgt. Zu den Spezialitäten der Insel gehören auch die leckeren Mandelplätzchen *(Amargos* und *Carquinyols)* und der hochprozentige Wacholderschnaps, der den Einheimischen schon zum Frühstück und besonders während der sommerlichen Volksfeste schmeckt. Die Engländer brachten im 18. Jh. nicht nur den Gin auf die Insel, sie bauten während der 70 Jahre dauernden Herr-

Weiße Gehöfte, schroffe Felsen, Blütenpracht: Menorcas stille Reize

schaftszeit auch die englische Garnisonsstadt Es Castell, die idyllische Inselstraße Camí d'en Kane und zahlreiche Festungen und Wachttürme, von denen viele inzwischen zu modernen Ausstellungssälen umgestaltet wurden.

Mächtige Steilküsten und lebendige Hafenstädte

An der 220 km langen Küste trotzen hohe Steilküsten den Wellen, schroffe Felsen stürzen sich dramatisch ins Meer, kleine Felsinseln bieten Seevögeln Ruhe- und Brutplätze, weiß schäumende Gischt nagt an den Fundamenten der Insel, und fjordartige Meeresarme schneiden sich tief ins Land hinein. Der beste Schutzhafen ist der fast 6 km lange Einschnitt im Osten der Insel, der als größter Naturhafen im Mittelmeer und zweitgrößter Tiefwasserhafen der Welt gilt. Im Norden öffnet sich die weite Bucht von Fornells und der Sportboothafen Port d'Addaia, in denen kleinere Boote an stürmischen Tagen einen geschützten Ankerplatz finden, im Westen liegt der idyllische Hafenfjord von Ciutadella, über dem die stolze Kathedrale und einer der besterhaltenen Altstadtkerne des Mittelmeers aufragen.

Jeweils ein Drittel der insgesamt nur 90 000 Einwohner lebt in den beiden Städtchen Maó und Ciutadella, die auf römische Ursprünge zurückgehen. Ob Hafenrundfahrt, Einkaufsbummel, Museums- oder Konzertbesuch – beide Hafenstädte haben ihren Besuchern viel zu bieten. Besonders Ciutadella lockt Ende Juni zahlreiche Besucher in die Stadt, wenn das Johannisfest, eines der berühmtesten Festlichkeiten ganz Spaniens, gefeiert wird. Ein weiteres Highlight sind die sommerlichen Konzertzyklen, die sowohl in Ciutadella als auch in Maó stattfinden.

Migjorn – Schluchten und Strände

Von der Hauptstraße, die die Insel wie ein Rückgrat in zwei Hälften teilt, zweigen verschiedene Stichstraßen fischgrätenartig zur Süd- oder Nordküste ab. Der südliche Inselteil wird von den Einheimischen Migjorn, nach dem gleichnamigen Südwind, genannt. Es handelt sich um ein Kalksteinplateau, in das das Regenwasser über Jahrmillionen tiefe Rinnen gegraben hat. In diesen windgeschützten, feuchten Tälern, die sich von der Inselmitte zur Südküste ziehen, haben die Bauern Obstplantagen mit Zitronen-, Orangen- und Pfirsichbäumen angelegt. Mehr als 20 fruchtbare, üppig bewachsene und bis zu 50 m tiefe Schluchten, durch die manchmal ein kleiner Wildbach plätschert, öffnen sich am Meer zu blütenweißen Badebuchten, wo das Azurblau des Himmels mit dem kristallklaren Türkis des Wassers

Bei der Festa de Sant Martí in Es Mercadal

konkurriert. Dort gibt es überall verwunschene Badeplätze, schattige Kiefernwälder und Strände von karibischem Kaliber.

Der weiche Kalkstein *(marès)* der südlichen Inselhälfte wurde schon von den Ureinwohnern zum Bau ihrer Steinmonumente benutzt, auch im Mittelalter schnitt man große Steinblöcke, um damit Paläste und Gotteshäuser zu bauen. Einige der alten Steinbrüche sind heute zu öffentlichen Parkanlagen oder Freiluftmuseen umgestaltet, in denen auch Konzerte, Mondscheinpartys und Theateraufführungen stattfinden.

Die Inselmitte und der herbe Inselnorden

In der Mitte der Insel erhebt sich der Monte Toro, mit 357 m Menorcas höchster Gipfel, der einen herrlichen Panoramablick ermöglicht. Rund um den Berg erstrecken sich einsame Wald- und Weideflächen, Hügel- und Ackerland mit rostroter Erde.

Der nördliche Teil Menorcas, der nach dem Tramuntana-Wind benannt ist, bildet eine einsame Gegend mit ausgedehnten Landbesitzen, vereinzelten Gutshöfen, die auf kleinen Hügeln thronen, und Feuchtgebieten, die ein Refugium für viele seltene Pflanzen- und Tierarten bilden. Im Norden findet man hohe Steilküsten, weiße Dünenstrände, viele vorgelagerte Felsinseln und besonders im Nordosten eine karge Mondlandschaft aus dunklem Schieferstein, die jedoch ihren ganz eigenen herben Reiz besitzt. Im Nordosten der Insel erstreckt sich auch der Naturpark S'Albufera des Grau mit dem zweitgrößten Feuchtgebiet der Balearen.

Vergangenheit, Gegenwart und ›sanfter‹ Tourismus

An der Küste Menorcas gibt es moderne Feriensiedlungen, Fischerdörfer mit alten Bootsgaragen und Küstenorte mit luxuriösen Ferienhäusern. Im Inselinneren wohnen die Einheimischen in sechs kleineren Dörfern, von denen jedes seinen eigenen Charakter besitzt. Eine beeindruckende Zahl von Siedlungsresten der Ureinwohner, darunter die mysteriösen *taules* und *talaiots,* ist über die ganze Insel verstreut, weshalb Menorca auch gern als ›Freilichtmuseum der Vorgeschichte‹ bezeichnet wird.

Spektakuläre Freizeit- und Wasserparks sind eine Seltenheit, fünfstöckige Kaufhäuser oder vierspurige Autobahnen wird man auf der Insel vergebens suchen, ›Bettenburgen‹ findet man nur sehr vereinzelt. Nachtschwärmer werden anfangs enttäuscht sein, die nächtliche Szene konzentriert sich auf wenige Diskotheken am Stadtrand von Maó und Ciutadella. Zu nächtlichem Hochbetrieb laufen die Musikbars im Hafenbereich dieser Städte und die berühmte Höhlendiskothek Cova d'en Xoroi an der Südküste nur in den Sommermonaten auf; auch eine von Blitzlicht umtoste Prominentenszene gibt es auf Menorca nicht. Zwar schaut manchmal König Juan Carlos auf seiner Yacht vorbei, der eine oder andere spanische Filmschauspieler oder englische Millionär verbringt ruhige Sommertage in seiner Residenz am Hafen von Maó.

Menorcas Tourismusindustrie entwickelte sich langsam. Im Jahr 1953 brachte ein englischer Charterflug die ersten englischen Feriengäste auf die Insel. Mit rund 70 % stellen die Briten auch heute noch die stärkste Touristengruppe, gefolgt von den Italienern und den deutschen Urlaubern, deren Zahl in der Sommersaison 2008 mit rund 52 000 Personen zu Buche schlug.

Natürliches und kulturelles Erbe als Zukunft der Insel

Ihrem reichen natürlichen und kulturellen Erbe, den zahlreichen endemischen Tier- und Pflanzenarten und der von Menschenhand gestalteten und genutzten Kulturlandschaft ist es zu verdanken, dass Menorca 1993 von der UNESCO zum Biosphärenreservat erklärt wurde. Mehr als 30 % der Insel, darunter ein großer Teil der Küstengebiete, stehen unter Naturschutz, viele Menorquiner sind aktiv im Umweltschutz tätig und die Umweltschutzgruppe der Balearen (GOB) hält ein wachsames Auge auf negative Veränderungen und Umweltsünden. Zu hoffen bleibt, dass trotz steigender Einwohner- und Besucherzahlen, erhöhtem Verkehrsaufkommen, wachsender Müllberge und zunehmendem Wasserverbrauch weiterhin die offensichtlichen und versteckten Reize, der besondere, herbe Charakter der Insel, die geringe Kriminalitätsrate und die Freundlichkeit ihrer Einwohner erhalten bleiben.

Menorca in Zahlen

Lage: Menorca ist die nordöstlichste Insel der Balearen, sie liegt auf ca. 40° nördlicher Breite.
Inselfläche: 700 km², Länge: ca. 50 km, Breite: max. 20 km, Küstenlinie: ca. 220 km, zahlreiche vorgelagerte Inseln
Höchste Erhebungen: Monte Toro (357 m), S'Enclusa (276 m), Santa Àgueda (264 m)
Hauptstadt: Maó (span. Mahón), 29 000 Einwohner
Einwohner: 90 000; Religion: überwiegend römisch-katholisch
Sprache: Katalanisch (als menorquinischer Dialekt) und Kastilisch
Verwaltungsstruktur: Die Insel Menorca ist in acht Gemeindebezirke gegliedert und wird vom *Consell Insular* (Inselrat) verwaltet, der der Regierung der Balearen in Palma de Mallorca untersteht. Die Balearen sind eine Autonome Region (wie ein deutsches Bundesland).

Geschichte

Bauskulptur in Ciutadella

4000–2000 v. Chr.	Die ersten Siedler gelangen, vermutlich aus Südfrankreich, auf die Insel. Sie wohnen in Felsgrotten und leben als Jäger und Sammler.
2000–123 v. Chr.	In der prätalaiotischen Zeit (2000–1600) entstehen Steinkistengräber und bootsförmige Wohnstätten, in der Talaiotzeit (ab 1600) werden Begräbnisstätten *(navetes)*, Türme *(talaiots)* und Steintische *(taules)* gebaut.
123 v. Chr.	Unter Quintus Caecilius Metellus werden die Balearen von den Römern erobert, die auf Menorca die Niederlassungen Iamo im Westen, Mago im Osten und Sanisera im Norden gründen.
417	Bischof Severus beschreibt die Insel in seiner Enzyklika.
454–534	Menorca ist Teil des Vandalenreichs; nach 534 werden die Balearen unter dem oströmischen Kaiser Justinian dem Byzantinischen Reich angegliedert. Auf Menorca entstehen frühchristliche Basiliken (u. a. in Son Bou).
902	Unter den Arabern (Mauren) wird Menorca dem Kalifat von Córdoba angeschlossen. Medina Minurka (das heutige Ciutadella) wird Hauptstadt der Insel, auf dem Berg Santa Àgueda entsteht eine Festung.
1287	König Alfons III. erobert die Insel von den Mauren zurück und unterstellt sie der katalanisch-aragonesischen Krone.
ab 1293	Menorca wird Teil des Königreichs von Mallorca. König Jaume II. gründet Pfarrgemeinden und verteilt die Landgüter unter den Adelsfamilien.
14. Jh.	Die Städte Alaior, Es Mercadal und Ferreries werden gegründet. Die Insel geht erneut in den Besitz der Krone von Aragón

	über, in Maó entstehen die Stadtmauern, in Ciutadella wird die Kathedrale gebaut.
16. Jh.	1535 werden bei einem Piratenüberfall durch die osmanische Flotte unter Khair ed-Din (Barbarossa) Stadt und Hafen von Maó verwüstet, Hunderte von Einwohnern getötet oder als Sklaven verschleppt. 1554 entsteht das Castell de Sant Felip von Maó, um die Stadt vor weiteren Überfällen zu schützen. Danach zerstören Piraten unter Mustafà i Piali 1558 Ciutadella und entführen 3500 Einwohner nach Konstantinopel.
17. Jh.	Stadtmauern und Befestigungsanlagen werden ausgebaut. 1625 entsteht das Castell de Sant Antoni in Fornells, 1687 der achteckige Verteidigungsturm am Hafen von Ciutadella.
18. Jh.	1713 wird Menorca britisch; Gouverneur Richard Kane verlegt die Hauptstadt nach Maó und lässt die erste Inselhauptstraße bauen. 1756–63 von den Franzosen erobert, wird die Insel im Vertrag von Paris wieder den Briten übergeben. Erst 1782, endgültig dann 1802 fällt Menorca zurück an Spanien.
1936–39	Spanischer Bürgerkrieg, Menorca wird erst zu Kriegsende in die Kampfhandlungen verwickelt. Viele Republikaner werden in das politische Gefängnis der La Mola-Festung gesperrt.
1979	Nach dem Tod des Diktators Franco (1975) formiert sich auf Menorca der erste Inselrat (Consell Insular de Menorca).
1983	Menorca wird Teil der autonomen Region Illes Balears, deren Regierung eigenständige Kompetenzen besitzt. Katalanisch und Kastilisch sind gleichberechtigte offizielle Amtssprachen.
1999–2002	Bei einer Massendemonstration 1999 sprechen sich mehr als 6000 Menorquiner für einen totalen Baustopp aus. Die Zahl der ausländischen Feriengäste ist auf über 1 Mio. angestiegen. Kurzzeitige Einführung der umstritttenen ›Ökosteuer‹.
2003	Der neue Raumordnungsplan (PTI) legt die Zahl der zulässigen Neubauten für die kommenden Jahre fest.
2007	Nach den Gemeinde- und Landtagswahlen stellen die Linksparteien erneut den Inselrat und die Balearenregierung.
2008/09	Die Weltwirtschaftskrise führt auch auf Menorca zu rückläufigen Besucherzahlen. Viele kleine Firmen, Hotels, Restaurants etc. müssen schließen.

Gut zu wissen

Ein köstliches Mitbringsel: die süßen menorquinischen Leckereien

›Algenplage‹?

›Posidonia oceànica‹ heißt die Unterwasserpflanze, die auf dem Meeresboden regelrechte Wiesen bildet. Diese Neptungraswiesen dienen Meeresbewohnern als Refugium, reagieren aber empfindlich auf Umweltstörungen. Im Winter werden die Blätter der Posidonia, die tatsächlich gar keine Algen sind, an den Strand getrieben. Es entstehen Barrieren, die die Sandflächen bei Unwettern schützen. Deshalb sind die Säuberungstrupps vorsichtiger im Umgang mit diesen Pflanzenresten geworden. Ferienstrände werden erst im Mai von den letzten Blättern befreit, Naturstrände dürfen ihre Posidonia-Polster das ganze Jahr über behalten.

Feilschen und Preisnachlässe

Weder in Geschäften noch auf Märkten wird um den Preis gefeilscht. In der Nebensaison kann man jedoch einen Nachlass erhalten, wenn man für mehrere Tage ein Zimmer reserviert oder einen Mietwagen bestellt. Im Oktober findet man zudem in fast allen Boutiquen heruntergesetzte Waren (Sommerkleidung, Sandalen usw.).

Höflichkeit

»Bon dia« (Guten Tag) oder »Hola« (Hallo) und »Adéu« (Auf Wiedersehen) gehören zum guten Umgangston beim Betreten von Boutiquen, Büros oder Hotels. Für die Antwort auf eine Frage bedankt man sich mit »Gràcies« (Danke)! Auch wenn man Einheimische fotografieren will, sollte man vorher durch eine freundliche Geste oder ein Lächeln um Erlaubnis bitten.

Wie überall in Spanien reden sich Menorquiner (besonders wenn sie unter 40 Jahre alt sind) schnell mit Du an. Auch bei flüchtigen Bekannten ist es üblich, sich mit Handschlag und Schulterklopfen (bei Männern) und zwei Wangenküsschen (bei Frauen) zu begrüßen.

Hunde

Über die Einreisebestimmungen und Impfvorschriften für vierbeinige Reisende informieren die Konsulate im Heimatland. An allen Ferienstränden und im Naturpark S'Albufera des Grau sind Hunde verboten. In Hotels, Bars und Restaurants sind sie meist nicht erwünscht. Bei Begegnung mit frei laufenden Hunden auf dem Land sollte man Ruhe bewahren und langsam den Rückzug antreten.

Katalanisch

Die Einheimischen sprechen untereinander am liebsten in ihrem Dialekt, einer Mundart der katalanischen Sprache. Wenn sie mit Spaniern reden und mit Ausländern, die Spanisch können, schalten sie aber problemlos auf diese Sprache um. Zudem wird oft Englisch gesprochen, selten jedoch Deutsch.

Kleidung

Abendkleid und Smoking können Menorca-Urlauber getrost zu Hause lassen. Selbst im Kasino von Maó besteht kein Krawattenzwang. Dennoch legen Einheimische viel Wert auf dezente und saubere Kleidung, Badekleidung und freie Oberkörper im Stadtzentrum und in Gotteshäusern sind ihnen ein Dorn im Auge.

Klima und Reisezeit

Auf der Insel Menorca herrscht gemäßigtes Mittelmeerklima. Die mittlere Lufttemperatur liegt im Januar bei 10 °C und im August bei 25 °C. Im Durchschnitt werden auf Menorca pro Jahr rund 2500 Sonnenstunden verzeichnet, die Niederschlagsmenge liegt bei rund 600 mm im Jahr. Von Mitte Juni bis Anfang September fällt kaum ein Tropfen Regen.

Die Feriensaison dauert von Mitte April bis Ende Oktober. Im Frühjahr (April, Mai und Juni) sowie im Herbst (September, Oktober) kann es zu kurzzeitigen Schlechtwettereinbrüchen und besonders im Herbst zu starken Gewittern kommen. Regenwetter ist jedoch nie von Dauer, meist scheint am nächsten Tag schon wieder die Sonne.

Für sportlich Aktive sind das Frühjahr (bis Mitte Juni) und der Herbst die beste Reisezeit. Besonders Naturfreunde und Wanderer werden sich an der vielfarbigen Blütenpracht im April und Mai erfreuen. Für den reinen Badeurlaub sind die Monate Juni, Juli und August am besten geeignet. Allerdings steigt das Thermometer in diesen Monaten oft auf über 30 °C. Familien mit Babys und Kleinkindern sollten die heißeste Zeit des Jahres möglichst meiden.

Liegestühle

Das Reservieren von Sonnenliegen im Hotel gilt als typisch deutsche Eigenart. Die Bademeister sind dazu übergegangen, ausgelegte Handtücher kurzerhand wieder einzusammeln. In den Hotels sind Liegestühle kostenlos, an den Stränden wird dagegen eine Tagesgebühr von ca. 18 € für Sonnenschirm und zwei Liegestühle kassiert.

Mitbringsel

Zu den typischen Menorca-Souvenirs gehören vor allem Kulinaria: Honig, Kapern, Kamillenblüten, Käse, Feigenmarmelade, Mandelplätzchen, Gin oder Kräuterliköre. Nette Mitbringsel sind auch menorquinischer Modeschmuck, Designer-T-Shirts und die *Abarca*-Sandalen, die sich zu einem typischen Inselprodukt entwickelt haben. Auch hübsche Keramik findet man in kleinen Werkstätten (z. B. bei Antonio Vico, s. S. 86) und im Keramikgeschäft der Familie Lora (s. S. 83) am Hafen von Maó. Menorquinische Schuhe und Sandalen,

Vamos a la playa!

Die spanische Regierung hat große Ländereien aufgekauft, um den freien Zugang zur Küste zu garantieren. Aber noch immer gibt es Streitereien mit den Gutsherren: Viele Strände erreicht man nur zu Fuß, einige sogar nur mit dem eigenen Boot.
Die noch vor wenigen Jahren üblichen Wegegebühren gehören jedoch – zum Glück – der Vergangenheit an.

besonders für Damen, sind ein wichtiger Exportartikel. Die neuesten Modelle findet man auch auf der Insel in vielen Boutiquen und den Fabrikläden der Industriegebiete. In Ciutadella und Ferreries werden die typischen leinenbespannten Klappstühle (Regiestühle) hergestellt. Man kann sie sich in wenigen Tagen in der Lieblingsfarbe anfertigen und reisefertig verpacken lassen.

Müll

Auf Menorca gibt es verschiedene Müllbehälter: Grün für Glas, Blau für Papier und Pappe, Gelb für Dosen und Verpackungsmaterial. Der Inselmüll (jährlich über 50 000 t) wird bei Milà im Nordosten der Insel verarbeitet. Verpackungsmaterial wird gepresst und ebenso wie Glas und Papier aufs Festland zum Recycling verschifft. Eine Kompostieranlage verarbeitet Biomüll. Obwohl überall normale Müllcontainer und Papierkörbe bereitstehen, muss die Inselverwaltung jedes Jahr viel Zeit und Geld für die Säuberung von Straßenrändern und Stränden aufwenden.

Grüne Karte – die Ermäßigungskarte

In vielen Hotels ist die sogenannte Grüne Karte (10 €) erhältlich. Diese Karte berechtigt zu Ermäßigungen und Dienstleistungen in den aufgeführten Restaurants, Boutiquen, Wasserparks, Reitschulen, Konzerten, Nachtbars, bei Hafenrundfahrten usw. Eine lohnende Investition für unternehmungslustige Urlauber! Der Erlös der Karte trägt zum Umweltschutz und zur umweltverträglichen Entwicklung der Baleraren bei.

Nackte Haut

Zu den traditionellen FKK-Stränden gehören die Cala Macarelleta und der Westteil des Strandes von Son Bou im Süden und so gut wie alle unbebauten Naturstrände im Norden. ›Oben ohne‹ wird zwar akzeptiert, doch sollte man sich dort, wo Einheimische baden oder arbeiten (Pool-Bar), lieber bedeckt halten.

Ohropax

Pauschalurlauber sollten Lärmschutzstöpsel nicht vergessen. In fast allen größeren Hotels der Küste kehrt meist erst lange nach Mitternacht Ruhe ein. Auch die Siesta wird oft durch lautstarke Animationsprogramme frühzeitig beendet. Nicht selten fahren Müllabfuhr und die ersten Transferbusse schon vor dem Morgengrauen durch die Feriensiedlungen.

Picknickpakete

Feriengäste, die ihren Aufenthalt mit voller Verpflegung gebucht haben, erhalten von ihren Hotels (auf Anfrage) ein Picknickpaket, wenn sie die Mittagsmahlzeit nicht einnehmen. Meist sind diese Tüten und Pakete ziemlich lieblos zusammengestellt (hart gekochte Eier, Thunfischdosen, klebriger Käse und fettige Wurst). Spätestens nach zwei Stunden werden diese Esswaren (besonders wenn sie bei hohen Temperaturen im Auto oder Bus aufbewahrt werden) ziemlich unappetitlich und sind nicht selten für Magenverstimmungen verantwortlich. Zudem verursachen Picknickpakete durch das umfangreiche Verpackungsmaterial riesige Müllberge und belasten die Umwelt der Insel. Am besten man verzichtet ganz auf die Picknickpakete der Hotels. Denn überall auf der Insel gibt es nette Einkehrmöglichkeiten, wo man eine Kleinigkeit bestellen oder ein preiswertes Mittagsmenü essen kann, und in den Städtchen und Dörfern locken Obstläden und Backstuben mit frischen Leckereien. Wanderer, die zu abgelegenen Stränden unterwegs sind, sollten Wasser und Verpflegung mitbringen und an der Küste keine Abfälle zurücklassen.

Preise

Schon vor der Einführung des Euro gehörte Menorca zu den Gebieten mit dem höchsten Preisniveau Spaniens. Gebrauchsartikel, Kleidung und Lebensmittel kosten erheblich mehr als auf dem spanischen Festland. Auch für ein À-la-carte-Essen im Restaurant muss man tief in die Tasche greifen. Durch die Einführung der neuen Währung haben sich alle Preise für Einheimische und Touristen nochmals erheblich verteuert.

Für motorisierte Feriengäste lohnt das Einkaufen in den großen Supermärkten von Ciutadella oder Maó, denn alle Waren sind preiswerter als in den Feriengebieten der Küste.

Günstiger als im Heimatland sind immer noch die Preise für Spirituosen, besonders für die inseleigenen Produkte (Fabrikverkauf in Maó bei Gin Xoriguer, s. S. 82). Das Gleiche gilt für Zigaretten, die in den Tabakläden der Ortschaften erhältlich sind.

Auch die Eintrittsgebühren in Museen und Sehenswürdigkeiten liegen mit 3–6 € (nach Kinder- und Seniorenermäßigung fragen!) günstiger als in anderen europäischen Ländern.

Siesta

In den Feriensiedlungen sind die meisten Geschäfte und Lokale von morgens 10 Uhr bis spät abends geöffnet. In den Städtchen und Dörfern wird dagegen die traditionelle Mittagsruhe eingehalten. Spätestens gegen 2 Uhr mittags lassen alle Geschäfte ihre Rollläden herunter.

Auch Museen, Kirchen, Banken und Büros schließen über Mittag und sind frühestens ab 17 Uhr wieder geöffnet. In Maó, Ciutadella und den kleineren Orten sind die meisten Geschäfte am Samstagnachmittag und am Sonntag ganztägig geschlossen.

Trinkgeld

Trinkgelder stellen für die nur in den Sommermonaten beschäftigten Einheimischen (60 % der Bevölkerung) ein wichtiges Zubrot für die winterliche Haushaltskasse dar.

Trinkgeld im Restaurant (ca. 5% der Rechnung) wird erst nach dem Bezahlen auf dem Teller liegen gelassen. Nicht nur Kellner, auch Zimmermädchen, Kofferträger, Ausflugsbusfahrer und Fremdenführer freuen sich über eine kleine Aufmerksamkeit (mindestens 1–2 €).

Waldbrandgefahr

Im Hochsommer besteht erhöhte Waldbrandgefahr. Auf keinen Fall darf man brennende Zigaretten und leere Glasbehälter aus dem Autofenster werfen! Auch das Feuermachen in Wald und Macchia ist strengstens untersagt.

Wasser

Zum Kochen und Zähneputzen kann Leitungswasser verwendet werden. Bei Tisch und zum Kaffeekochen ist das Mineralwasser besser, das in 5- oder 8-Liter-Kanistern verkauft wird. Da Wasser knapp ist, trägt ein sparsamer Umgang damit dazu bei, die Grundwasserreserven für die Zukunft zu sichern. Die erste Meerwasserentsalzungsanlage soll Anfang 2010 bei Ciutadella in Betrieb genommen werden.

Feste & Unterhaltung

Tanzende Pferde beim Johannisfest

Feste & Feiertage

Spanische Nationalfeiertage

Any Nou: Neujahr
Dia del Treball: Tag der Arbeit, 1. Mai
Asunció: Mariä Himmelfahrt, 15. Aug.
Dia de la Hispanitat: Tag der Entdeckung Amerikas, 12. Okt.
Dia de la Constitució: Tag der Verfassung, 6. Dez. (2009: 7. Dez.)
Inmaculada Concepció: Mariä Empfängnis, 8. Dez.
Nadal: Weihnachten, 25. Dez.

Januar/Februar

Tres Reis (5. und 6. Jan.): Nicht Weihnachten, sondern am Dreikönigstag werden Geschenke verteilt. Am 5. Januar abends kommen die Könige aus dem Morgenland im Hafen von Maó an und ziehen anschließend durch die Straßen der Stadt.

Sant Antoni (17. Jan.): Reiterumzug *Els tres tocs* (›Die drei Klopfer‹) in Ciutadella, der an die Reconquista von 1287 erinnert; mit anschließender Messe. Besonderer Markt, auf dem Datteln, Orangen und Palmenblätter verkauft werden.

Karneval: Lustig verkleidete Kinder- und Schülergruppen ziehen durch die Städtchen, am Samstag finden Tanzabende, am Dienstag Umzüge statt, und am Aschermittwoch wird unter Wehklagen die Sardine begraben und das Testament des Karnevalskönigs verlesen.

März/April

Dia de les Illes Balears (1. März): Tag der Balearen mit Vorträgen, Ausstellungen und Konzerten.

Setmana Santa (Osterwoche): In Maó und Ciutadella werden bei der Karfreitags-Prozession Heiligenfiguren durch die Straßen getragen. Am Ostersonntag singen Chöre vor den Kirchen die religiöse Volksweise *Deixem lo dol* (»Lasst uns die Trauer vergessen«).

Sant Jordi (23. April): Zum Georgstag beschenkt man sich im Freundeskreis; Blumenverkäufer und Buchhändler bauen ihre Stände auf. Es finden Dichterlesungen und Buchvorstellungen statt.

Mai/Juni

Pentecostés: Pfingsten fahren die jungen Leute gern an die Küste, mieten ein Apartment, musizieren und trinken (viel) Alkohol. Urlauber haben meist eine schlaflose Nacht.

Festa de Sant Joan (Ende Juni): Mit dem Johannisfest in Ciutadella beginnen die sommerlichen Patronatsfeiern. Den Auftakt bildet der Schafsonntag *(Diumenge des Be)* vor dem 23. Juni, an dem der Schafsträger einen lebenden Hammel durch die Stadt trägt. Am 23. Juni gibt es Reiterprozessionen, Haselnuss-Schlachten und ›tanzende‹ Pferde bis zum Morgengrauen. Höhepunkt sind die mittelalterlichen Reiterspiele am 24. Juni und das Feuerwerk am 25. Juni.

Sant Pere (letztes Juni-Wochenende): Fest der Seeleute mit Regatta, Spielen, Schwimmwettbewerb und Konzerten am Hafen von Maó.

Juli/August

Verge del Carmen (12.–16. Juli): Fest zu Ehren der Schutzpatronin der Fischer und Seeleute mit Bootsprozessionen in den Häfen von Maó, Fornells und Ciutadella.

Patronatsfeiern (Festes): Mitte Juli bis Ende Aug. in allen Orten der Insel, s. Tipp (nebenstehend).

September

Verge de Gràcia (7.–9. Sept.) in Maó: Marienfest mit vielseitigem Rahmenprogramm (Wettbewerbe, Umzüge mit Pferden und Giganten, Märkte, Konzerte, Tanz der Teufel mit Feuer speienden Drachen).

Festes de Sant Nicolau (um den 10. Sept.) auf dem Monte Toro, dem höchsten Berg der Insel: Kirchweih mit Reiterprozession.

November

Tot Sants (Allerheiligen, 1. Nov.): Als Spezialität gibt es *Panellets* (Marzipan- und Honigplätzchen).

Unterhaltung

Festivals

Setmana internacional de l'orgue (Ende April): Orgelwoche in der Kirche Santa Maria in Maó.

Festival Internacional de Jazz de Menorca (Ende März bis Anfang Juni): Jazzfestival mit Konzerten in verschiedenen Lokalen in den Städten Maó und Ciutadella.

Temporada de l'opèra (erste Mai-Hälfte): Opernwoche im Teatre Principal von Maó.

Matins a l'orgue (Juni–Okt. Mo–Sa 11.30 Uhr): halbstündige Orgelkonzerte, die in der Kirche Santa Maria in Maó stattfinden.

Matins d'Orgue al Socors (Juli–Sept. Di/Mi/Do 11.30 Uhr): halbstündi-

Patronatsfeiern: Feste im Sommer

Patronatsfeiern *(festes)* finden Mitte Juli bis Ende August in allen Orten der Insel statt mit geschmückten Pferden, Umzügen, Konzerten, Feuerwerken und viel Wacholderschnaps:

Es Mercadal: Festa de Sant Martí, Mitte Juli.

Es Castell: Festa de Sant Jaume, 24. und 25. Juli.

Es Migjorn Gran: Festa de Sant Cristòfol, Ende Juli.

Fornells: Festa de Sant Antoni, Ende Juli.

Llucmaçanes: Festa de Sant Gaietà am ersten August-Wochenende.

Alaior: Festa de Sant Llorenç, um den 10. August. Highlights sind die Pferderennen und der Umzug mit geschmückten Kutschen.

Ferreries: Festa de Sant Bartomeu, 23. und 24. August.

Sant Climent: Festa de Sant Climent am dritten August-Wochenende.

Sant Lluís: Festa de Sant Lluís, Ende August.

ge Orgelkonzerte in der Kirche Socors (Priesterseminar) in Ciutadella.

Sommerkonzerte im Juli und August

Festival de Música de Maó: Chöre, klassische Musik und Orgelkonzerte in der Santa Maria-Kirche oder im Teatre Principal.

Festival Música d'Estiu: Sommerkonzertzyklus mit berühmten Kammerorchestern, Pianisten und Gitarristen in der Kirche des Priesterseminars von Ciutadella.

Nits de Múscia Clàssica: Jeden Donnerstag klassische Musikkonzerte in der Dorfkirche von Fornells.

Kasino

Black Jack, Roulette und vieles mehr wird im Spielkasino am Hafen von Maó gespielt (s. S. 83).

Kino

Cinema a la fresca, Kino unter freiem Himmel, findet im Hochsommer sporadisch in Alaior, Ciutadella, Es Castell, Sant Climent und Sant Lluís statt. Regelmäßiges Freiluftkino gibt es im Claustre del Carme in Maó (Sa–Do um 22 Uhr). Filme in Originalversion werden in der Regel nur in der Vor- und Nachsaison gezeigt.

Theater

Die beiden altehrwürdigen Theatersäle (Teatre Principal in Maó, s. S. 80, und Teatre des Born in Ciutadella, s. S. 59) haben eine lange Tradition. Letztgenanntes ist auf unbestimmte Zeit wegen Bauarbeiten geschlossen, das Theater in Maó wartet dagegen mit einem umfangreichen Veranstaltungsprogramm auf. Nicht nur die zahlreichen Theatergruppen der Insel, sondern auch Schauspieler und Musiker aus anderen Teilen Spaniens und internationale Künstler treten auf dieser Bühne auf. Der an das Teatre des Born in Ciutadella angeschlossene Kulturverein Cercle Artístic schreibt jedes Jahr einen landesweit bekannten Theaterpreis aus. Die meisten Theateraufführungen finden jedoch ausschließlich in katalanischer oder spanischer Sprache statt.

Folklore

In Trachten gekleidete Musik- und Tanzgruppen treten sehr häufig in den verschiedenen Hotels und im Stadtzentrum von Ciutadella auf, in Maó findet man sie jeden Freitagabend im Claustre del Carme, in Ferreries auf dem Bauernmarkt (jeden Samstagvormittag) und in Es Mercadal auf dem Kunsthandwerksmarkt (Juni–Sept. jeden Do abend).

Nachtleben

Menorca ist keine Insel für Nachtschwärmer: In den Feriensiedlungen konzentriert sich das Nachtleben auf wenige Pubs (mit meist englischem Publikum) und das Indoor-Entertainment der Hotels. Die jungen Menorquiner treffen sich nach Mitternacht in den Musikbars an den Häfen von Ciutadella (Pla de Sant Joan) und Maó (Moll de Ponent), in denen DJs die Musik mixen oder Live-Konzerte stattfinden, oder in den Diskotheken am Stadtrand dieser Städtchen. Ab 23 Uhr lockt auch die spektakuläre Disco Cova d'en Xoroi (s. S. 51), untergebracht in einer natürlichen Felsgrotte an der Steilküste im Süden Menorcas. Dort treffen sich Romantiker auch gerne gegen 20/21 Uhr zum Sonnenuntergang mit Chill-out-Musik. Ein schöner Rahmen für Konzerte und Mondscheinpartys ist das Steinbruchmuseum Pedreres de s'Hostal bei Ciutadella (s. S. 65).

Unterwegs mit Kindern

Tipps für die Reiseplanung

Wie alle Spanier sind auch die Menorquiner überaus kinderfreundlich. Die Sprösslinge sind bei abendlichen Unternehmungen und Feiern meist bis spät in die Nacht dabei. Auch in den Hotels sind Kinder oft bis Mitternacht auf den Beinen. Deshalb sollte auch die in Spanien übliche **Mittagsruhe,** besonders in den heißen Monaten Juni, Juli und August, eingehalten werden. In keinem Fall sollten Kinder in der Mittagshitze der prallen Sonne ausgesetzt werden. Wenn irgend möglich sollte man Babys und Kleinkindern die Reise zwischen Mitte Juni und Ende September ersparen und auf die **Vor- und Nachsaison** ausweichen.

Sonnencreme mit hohem Schutzfaktor ist in Deutschland günstiger als in Spanien. Alles was man sonst für Babys und Kleinkinder benötigt (Windeln, Babynahrung, Spielzeug), ist in allen größeren Supermärkten erhältlich.

Wickeltische wird man weder in Restaurants noch in Tankstellen finden. **Kindersitze** für Autos und Fahrräder sowie spezielle Kinderbetten im Hotel sind extra zu bezahlen.

Alle **Strände** sind für Kinder gut geeignet.

Familienfreundliche Hotels

Alle als kinderfreundlich ausgewiesenen Hotels verfügen über ein reichhaltiges Animationsprogramm, das speziell auf die kleinen Gäste zugeschnitten und oft nach Altersklassen unterteilt ist. Spezielle Clubhotels für Familien sind in den Katalogen der Veranstalter gekennzeichnet.

Unternehmungen

Zu den Highlights auf dem Besuchsprogramm gehören eine **Fahrt mit dem Minizug** (Mini Tren) durch die eigene Feriensiedlung, ein Besuch im **Zoologischen Garten Lloc de Menorca** (s. S. 42), ein **Ausritt** mit dem Pony auf einem der Reiterhöfe (z. B. Hort de Llucaitx bei Son Parc, s. S. 101) oder ein Besuch bei den **Pferdeschauspielen** in den Dressurschulen an der Landstraße nach Cala Galdana (s. S. 53).

Eine schöne Entdeckungstour führt durch den **Steinbruch Pedreres de s'Hostal** bei Ciutadella (s. S. 65). Ein Tag in den **Wasservergnügungsparks in Los Delfines** (s. S. 50) oder **Cala en Bosc** (s. S. 102) bedeutet Spaß für die ganze Familie. Sehr beliebt sind auch die **Bootsausflüge** ab Ciutadella, Cala en Bosc und Maó mit Badeaufenthalten an einem der unbebauten Naturstrände. Auch die einstündige **Hafenrundfahrt** mit dem gelben Katamaran im Hafen von Maó ist für Kinder ein Erlebnis (s. S. 82 und Tour 2, S. 110).

Viele **Segel- und Surfschulen,** besonders in Fornells und Son Xoriguer, sind auf junge Teilnehmer eingestellt.

Speziell für Kinder konzipiert sind das **Centre de Natura** in Ferreries (s. S. 74) und das **Fort Marlborough** (s. S. 68) in der Cala Sant Esteve.

Bei allen **sommerlichen Volksfesten** gibt es auch nachmittägliche Festakte (Programm in der Tageszeitung) die speziell für die Kinder der Insel, aber auch für junge Gäste gedacht sind (i. d. R. nicht geeignet für Babies und Kleinkinder im Kinderwagen). Außerdem sind die Feuerwerke, die zum Abschluss aller Patronatsfeiern veranstaltet werden, für Kinder ein aufregendes Erlebnis.

Übernachten

Unterkunft für Nostalgiker: Hotel del Almirante bei Maó

Urlaubsorte im Überblick

Die Urlaubsorte an der Küste Menorcas sind ausnahmslos moderne Feriensiedlungen mit wenig eigenem Charakter. Wer die Nähe zu Einheimischen und traditionelle Einkehrmöglichkeiten sucht, sollte sich deshalb in einem Ferienort in der Nähe der Städtchen einquartieren: Sa Caleta, Santandria, Cala Blanca bei Ciutadella oder S'Algar, Punta Prima bei Maó. Allerdings findet man dort nur sehr kleine Sandbuchten.

Für den reinen Bade- und Strandurlaub sind die Feriensiedlungen Son Bou, Sant Tomàs im Süden und Arenal d'en Castell, Son Parc und Platges de Fornells die bessere Wahl.

Hotels mit hohem Standard gibt es besonders in Son Bou/Sant Jaume del Mediterrani, in Son Xoriguer und im Zentrum von Maó. Geschäftsreisende finden in Maó und Ciutadella ganzjährig Hotels in verschiedenen Kategorien.

Reservierung und Preise

Auf Menorca stehen rund 45 000 Betten zur Verfügung. Zum Angebot gehören über 100 Hotels, Hostals und Pensionen an der Küste und in den Städten, Apartmentkomplexe, Ferienhäuser am Meer und Landgasthöfe im Landesinneren.

Während in der Nebensaison überall freie Zimmer zu finden sind, ist dringend davon abzuraten, zwischen Mitte Juni und Mitte September ohne Reservierung anzureisen! Viele Hotel- und Apartmentanlagen sind nur über Reiseveranstalter buchbar, Direktbucher haben dort keine Chance. Ferienhäuser findet man am einfachsten in den Katalogen spezialisierter Veranstalter wie z. B. Interhome (www.interhome.de). Private Buchungszentrale für alle Arten von Unterkünften: www.menorcaok.com.

In der Hauptsaison sind freie Zimmer zudem meist doppelt oder dreimal so teuer wie in der Vor- und Nachsaison. Für einfache Unterkünfte (Pensionen, Ein- und Zwei-Sterne-Hostals) zahlt man im Durchschnitt 40–80 € pro DZ, in Mittelklassehotels 80–150 €, in Vier- und Fünf-Sterne-Hotels ab 150 €. Die Preise im Kapitel ›Orte A bis Z‹ beziehen sich, wenn nicht anders angegeben, auf eine Übernachtung im Doppelzimmer (DZ) für zwei Personen mit Frühstück.

Hotels

Alle Hotels sind in verschiedene Kategorien (1–5 Sterne) gegliedert. Auf den **Webseiten** des Inselrats (www.e-menorca.org) und der Hotelvereinigung Menorcas (www.visitmenorca.com) sind viele Hotels und Anlagen beschrieben und mit eigener Webseite angegeben. Seit einigen Jahren unterhält die menorquinische Hotelvereinigung eine Reservierungszentrale für Direktbucher.

Pensionen und Apartments

Preiswerte **Pensionen und Hostals** (1–2 Sterne) gibt es im Zentrum von Maó, Ciutadella und Es Mercadal. Doch sind die Zimmer oft von Saisonarbeitern (Hotelangestellte, Kellner, Bauarbeiter) für längere Zeit belegt.

Apartments sind in drei Kategorien (ein bis drei Schlüssel) eingeteilt und verfügen über einen oder mehrere Schlafräume, ein Wohnzimmer mit Einbauküche (Kühlschrank, Kochgelegenheit, Geschirr) sowie Balkon oder Terrasse. Das Angebot ist groß und vielseitig. Apartmentkomplexe, fast nur an der Küste zu finden, können meist nur über Veranstalter gebucht werden.

All-inclusive

Auch auf Menorca haben sich, sehr zum Leidwesen von ortsansässigen Restaurant- und Ladenbesitzern, mehrere Strandhotels dem All-inclusive-Tourismus verschrieben. Es handelt sich meist um Häuser mit alter Bausubstanz. Sämtliche Mahlzeiten und die meisten Getränke sind dabei im Reisepreis inbegriffen. Allerdings lassen die Qualität der Büfetts und der angebotenen Alkoholika sowie oft überarbeitete Kellner einen Urlaub in diesen Unterkunftsbetrieben zum Teil wenig ratsam erscheinen.

Turisme rural und Agroturisme

Für Gäste, die absolute Ruhe, traditionelle Kost und den Kontakt zu Land und Leuten suchen, sind die Unterkünfte im Landesinneren ideal. In die Kategorie ›Urlaub auf dem Bauernhof‹ fallen die sehr luxuriösen und teuren **Hoteles rurales,** auf deren Ländereien keine Landwirtschaft mehr betrieben wird, und die einfacheren und preiswerteren Höfe des **Agroturisme,** die sich weiterhin dem Ackerbau und der Viehzucht widmen. Das Angebot ist bisher noch nicht sehr groß, in den nächsten Jahren werden aber weitere Landgasthäuser dazukommen. Eine Liste solcher Unterkünfte ist bei den örtlichen Fremdenverkehrsbüros erhältlich. Anfragen können auch an die Associació Agroturisme Balear in Palma de Mallorca gerichtet werden (www.agroturismo-balear.com).

Camping

Die beiden Campingplätze Menorcas liegen im südlichen Teil der Insel, mehrere Kilometer von der Küste entfernt bei Cala Galdana (Kategorie 3, s. S. 54) und Son Bou (Kategorie 1, s. S. 101). Wildes Campen ist nirgendwo gestattet.

Jugendherbergen

Auf Menorca stehen mehrere Jugendherbergen und Zeltlagerplätze für Kinder und junge Leute zur Verfügung. Die Jugendcamps und Herbergen werden in erster Linie von spanischen Schülergruppen genutzt. Anfragen für Gruppen oder größere Familien: Institut de la Joventut de Menorca, Carrer Vassallo 22A, 07703 Maó, Tel. 971 36 50 73, Fax 971 36 27 86, www.injovemenorca.com.

Wellness-Hotels

Fitnessräume, Schönheits- und Massagesalons, Sauna und Hallenbäder findet man in verschiedenen Vier- und Fünf-Sterne-Hotels in Son Xoriguer/Cala en Bosc, Cala Galdana, Son Bou und Sant Tomàs sowie in Ciutadella und der Hauptstadt Maó (Adressen unter den jeweiligen Orten, s. auch S. 31). Diese Einrichtungen können auch von Gästen aus anderen Hotels gegen entsprechende Bezahlung und auf Anmeldung benutzt werden.

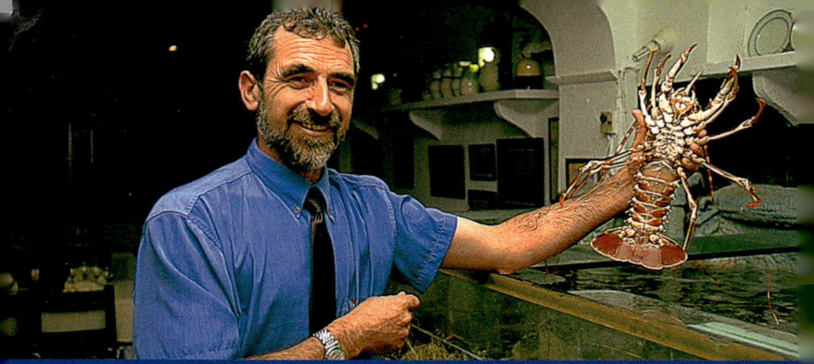

Essen & Trinken

Hauptzutat im Nationalgericht Caldereta

Fleisch vom Holzkohlengrill und fangfrischer Fisch

Die menorquinische Küche bietet neben Fisch und Fleisch, Nudelgerichten und Reispfannen auch viele Gemüsespezialitäten. Landestypische Restaurants sind in den Ferienorten aber selten geworden. Nette Lokale mit traditioneller Küche muss man im Landesinneren oder in Ciutadella, Fornells oder Maó suchen.

Viele rustikale Restaurants im Landesinneren bieten **Fleisch** vom Holzkohlengrill. Kaninchen, Hühnchen und Lammbraten stehen dort ebenfalls auf der Speisekarte. Nicht selten findet man sogar Straußenfleisch im Angebot, das in Menorca produziert wird. ›Schweinefleisch mit Kohl‹ oder ›Zunge mit Kapern‹ gehören zum Standardprogramm menorquinischer Rezeptbücher.

Beim **Fisch** kommen Garnelen, Meerbarben und Sipia oder Calamar aus dem eigenen Fang, Seezunge, Seehecht oder Schwertfisch jedoch tiefgekühlt vom Festland. Eine Spezialität sind die *Escopinyes,* eine Venusmuschelart. Die *Caldereta de Llagosta,* ein suppenartiger Langustentopf, ist Menorcas Nationalgericht, für das man tief in die Tasche greifen muss (50–70 € pro Person). Preiswerter ist die *Caldereta de Peix* (mit Fisch) oder die *Caldereta de Marisc* (mit Meeresfrüchten).

Kulinarischer Tagesablauf

Das Frühstück der Einheimischen besteht oft nur aus einem Milchkaffee und einer *Ensaïmada* (mit Puderzucker bestreute Hefeteigschnecke) oder einem Croissant. Erst zum zweiten Frühstück nach 10 Uhr gibt's dann ein belegtes Brötchen *(Bocadillo)* oder ein Stück Kartoffelomelett *(Tortilla española).* Die meisten Hotels servieren jedoch ein reichhaltiges Frühstücksbüfett. Mittagessen wird in traditionellen Lokalen nicht vor 13 Uhr und das Abendessen nicht vor 20.30 Uhr serviert. Die meisten Restaurants an der Küste haben dagegen durchgehend geöffnet.

Öffnungszeiten

Restaurants öffnen mittags von ca. 13 bis 16 Uhr und abends von 20/21 bis 23/24 Uhr. Spanier kommen mittags selten vor 14 Uhr und abends kaum früher als 21.30 Uhr. Ruhetage sind meist Sonntag mittags oder abends und Montag ganztägig.

Tapas

Wie überall in Spanien werden auch auf Menorca Tapas angeboten: *Pilotes* (Hackfleischbällchen), *Popets amb ceba* (Tintenfischchen mit Zwiebeln) oder *Patates braves* (Kartoffeln mit scharfer Sauce) findet man in fast jeder Bar. Einen richtigen Tapa-Abend verbringt man am besten im Es Casino in Sant Climent (s. S. 94) oder im Restaurant La Rueda in Sant Lluís (s. S. 96), denn dort ist die Auswahl riesengroß.

Getränke

Menorquinischen Wein findet man bisher noch nicht in allen Restaurants der Insel. In den kommenden Jahren soll der Weinanbau jedoch wieder vermehrt betrieben werden.

Typische Spirituosen sind *Herbes* (Kräuterlikör), *Camamilla* (Kamillenlikör), *Palo* (aus Johannisbrot und Chinarinde), *Calent* (aus Wein, Alkohol, Kräutern und Gewürzen) und der menorquinische Wacholderschnaps *Gin Xoriguer* (s. S. 82).

Restaurantstraßen

In den beiden Städtchen Ciutadella und Maó spielt sich das abendliche Treiben am Hafen ab. Dort findet man nicht nur Cafés und Nachtbars, sondern auch eine reiche Auswahl an Speiselokalen. Tür an Tür drängen sich Fischlokale, Pizzerien, Tapa-Bars, aber auch Crêperien und Eisgeschäfte. Ein weiterer Publikumsmagnet im nächtlichen Restaurantbetrieb ist die Hafenbucht Cales Fonts in Es Castell.

Essen gehen

An der Küste haben sich Restaurants und Hotels auf mitteleuropäische Sitten eingestellt, im Landesinneren gelten dagegen spanische Regeln: Dies gilt für die Essenszeiten genauso wie für den Umfang der Bestellung. In besseren Restaurants (mit weiß gedeckten Tischen) muss man die komplette Menüfolge (Vorspeise, Hauptgericht, Nachspeise) einhalten. Für den kleinen Hunger sind Tapa- und Snackbars die bessere Adresse.

Preisniveau

Ein durchschnittliches Menü mit drei Gängen und einer halben Flasche Wein kostet in À-la-carte-Restaurants zwischen 30 und 50 €.

Wer gerne einkehren möchte, ohne die Brieftasche allzu sehr zu strapazieren, sollte mittags nach den günstigen Tagesmenüs Ausschau halten, sie werden oft auch von sehr feinen Lokalen für etwa 15 € angeboten. Empfehlenswert sind auch die reichhaltigen Mittagsbüfetts vieler Vier-Sterne-Hotels, wo man für nur 15–18 € oft schon richtig schlemmen kann. Abends fällt die Rechnung in Pizzerien und Tapa-Lokalen (z. B. in Sant Climent oder Sant Lluís) am preiswertesten aus.

Rechnungen

Rechnungen werden normalerweise pro Tisch ausgestellt. Ist getrennte Abrechnung erwünscht, sollte dies bei der Bestellung unbedingt angegeben werden. Mehrwertsteuer (7 % IVA) wird oft extra berechnet, bessere Restaurants kassieren noch einen Aufschlag für das Gedeck (1–2 €). Bei gutem Service lässt man für den Kellner das Wechselgeld bzw. 5 % der Rechnung als Trinkgeld zurück.

Freie Tische

So wie alle Spanier sitzen auch die Insulaner gerne mit ihrer Familie, Freunden oder Geschäftspartnern zusammen. Es ist deshalb unüblich, sich unaufgefordert an einen besetzten Tisch zu setzen, auch wenn dort noch Stühle frei sind. In besseren Restaurants wartet man auf den Oberkellner, der den Tisch zuweist, wobei man natürlich seine Wünsche äußern kann. In der Hochsaison ist eine Tischreservierung in besseren Restaurants sehr zu empfehlen!

Kulinarisches Lexikon

Vorspeisen/Beilagen

Allioli Knoblauchmayonnaise, wird frisch zubereitet und zu gegrilltem Fleisch, Fisch, Meeresfrüchten und Reisgerichten serviert

Amanida (verda) (Grüner) Salat

– **de pollastre** mit Huhn

– **de tonyina** mit Thunfisch

Carabassons farcits gefüllte und überbackene Zucchini

Oliaigo Tomatensuppe, im Sommer mit frischen Feigen serviert

Salsa mahonesa der Ursprung der Mayonnaise, hier aus Eigelb und Olivenöl frisch zubereitet

Tàperes envinagrades in Essig eingelegte Kapern, oft in Salaten

Truita espanyola Die klassische Tortilla-Version, mit Kartoffeln. Sie wird aber auch oft mit Gemüse, Schinken oder Wurst zubereitet

Trempó Sommersalat mit Tomaten, Paprika, schwarzen Oliven, Olivenöl

Truita Auf Spanisch *Tortilla* genanntes Omelett

Typische Gerichte

Albergínies as forn überbackene Auberginen, gefüllt mit Brot, Ei, Zwiebeln, Knoblauch, Petersilie

Arròs caldós dickflüssige Reissuppe mit Fisch und Meeresfrüchten

Be as forn Lammbraten

Caldereta de llagosta suppiger Langustentopf

Caldereta de marisc Meeresfrüchtetopf

Caldereta de Peix Fischsuppentopf

Calamars farcits große Tintenfische, mit Hackfleisch, Rosinen, Pinienkernen, Brot und Knoblauch gefüllt

Conill amb cebes Kaninchen mit Zwiebeln

Conill ofegat Eintopfgericht mit Kaninchenfleisch

Entrecote amb formatge de Maó Entrecote mit Mahón-Käse-Sauce

Faves tendres ofegades Eintopf mit Bohnen, Speck und Kartoffeln

Fideuà Fadennudelpfanne

Llom amb col Schweinelende mit Wirsingkohl

Llengua amb tàperes Kalbszunge mit Kapernsauce

Peix as forn Fisch (meist Heilbutt oder Kabeljau) mit Spinat, Rosinen und Pinienkernen im Ofen gegart

Perdiu amb col Rebhuhn mit Kohl

Pilotes a la menorquina Hackfleischbällchen in Tomatensauce.

Porcella as form Spanferkelbraten

Paella Reispfanne mit Fisch und Meeresfrüchten oder mit Fleisch und Gemüse

Rap amb salsa d'ametlla Seeteufelmedaillons mit Mandelsauce

Tumbet Auberginenauflauf mit Tomaten, Kartoffeln und Knoblauch

Aus der Backstube/Desserts

Amargos weiche, makronenartige Mandelplätzchen

Carquinyols kleine, knusprige Mandelplätzchen.

Coques flache Hefeteigplatten mit süßem (Aprikosen, Kirschen, Erdbeeren) oder salzigem (Gemüse, Wurst, Sardinen) Belag

Ensaïmades Hefeteigschnecken, in Schmalz gebacken, meist mit Kürbismarmelade gefüllt

Flam kleiner Karamellpudding

Greixera de brossat Käsekuchen aus der Tonform

Mel i mató Frischkäse mit Honig

Pudding amb fruita Obstpudding

Rubiols oder Crespells Teigtaschen, gefüllt mit Quark, Marmelade, Thunfisch, Wurst oder Spinat

Fleisch und Wurst

Ànec Ente
Be Lamm
Camot eine Art Blutwurst
Carn-i-xulla Mettwurst
Conill Kaninchen
Costella Kotelett
Escalopa Schnitzel
Fetge Leber
Galldindi Truthahn
Perdiu Rebhuhn
Pollastre Huhn
Porc Schwein
Ronyó Nieren
Sobrassada streichfähige Schweinswurst mit Paprika
Vaca/Bou Rind
Vedella Kalb

Fisch

Anfós Heilbutt
Anxoves Sardellen
Bacallà Stockfisch
Besuc Meerbarbe
Calamars/sípia, pop Tintenfische
Cap roig Drachenkopf
Cranc Krebs
Corns Meeresschnecken
Dàtils de mar Meeresdatteln
Emperador Schwertfisch
Escupinyes eine Venusmuschelart
Gambes Garnelen
Llagosta Languste
Llenguat Seezunge
Lluç Seehecht
Musclos Miesmuscheln
Peix Fisch
Rap Seeteufel
Tonyina Thunfisch

Gemüse

Albergínies Auberginen
Carabassons Zucchini
Carxofes Artischocken
Cebes Zwiebeln
Col Kohl
Col-i-flor Blumenkohl
Espàrrecs Spargel
Espinacs Spinat
Mongetes (verdes) (grüne) Bohnen
Patates Kartoffeln
Sofrit geschmortes Gemüse
Tomàquets Tomaten
Verdures Gemüse

Obst

Albercocs Aprikosen
Figues Feigen
Fruita Obst
Llimona Zitrone
Maduixes Erdbeeren
Melicotó Pfirsich
Meló Honigmelone
Síndria Wassermelone
Taronja Apfelsine

Getränke

Aigua Wasser
– **amb gas** mit Kohlensäure
– **sense gas** ohne Kohlensäure
Cafè amb llet Milchkaffee
Cafè tallat Kaffee mit wenig Milch
Cafè sol Espresso
Cava Sekt
Cervesa Bier
Combinats Longdrinks
Llet Milch
Licor Likör
Suc (de fruites) (Frucht-)Saft
Te Tee
Vi Wein
– **blanc** Weißwein
– **negre** Rotwein
– **rosat** Roséwein

Aktivurlaub

Nasses Vergnügen für Wasserratten: Ringo-Fahren

Abenteuersport

Das Unternehmen Dia complert (Tel. 609 670 996, www.diacomplert.com) widmet sich dem Abenteuersport und Aktivitäten in der freien Natur. Organisiert werden Trekking-, Mountainbike-, Kajak- und Schnorcheltouren, Holzfloß-Fahrten und Führungen in Naturgebieten zur Vogelbeobachtung. Für Gruppen und Firmen können ›Multiabenteuer-Programme‹ gebucht werden.

Allround-Sportanlagen

Zweifellos ist die Feriensiedlung S'Algar für sportliche Feriengäste das beste Urlaubsgebiet. Der S'Algar Sports-Club und der Club de Tenis S'Algar (s. S. 91) bieten ein vielseitiges Sportprogramm. Vom Tenniscourt bis zur Golfübungsanlage, vom Fußballplatz über Sauna bis zum Gymnastiksaal stehen alle möglichen Sport- und Freizeitanlagen zur Verfügung. Geboten werden auch Schnorchel- und Kajaktouren, Wanderungen und Mountainbike-Ausflüge, Segeln, Tauchen und vieles mehr. Die Sportkarte (S'Algar Sports Card) kostet 50 € pro Woche und ermächtigt zu zahlreichen sportlichen Aktivitäten ohne weiteren Aufpreis.

Baden

Mehr als 60 sandige Buchten und unzählige Badeplätze an felsigen Küstenabschnitten laden zum Schwimmen im Meer ein. Die im Süden der Insel gelegenen Strände von Son Bou und Sant Tomàs sind die einzigen beiden geraden, langen Sandstreifen, alle anderen Badestrände der Insel sind kleine Buchten, im Süden meist von Kiefernwäldern, im Norden von karger vegetationsloser Landschaft umgeben. Acht bis zehn Strände werden jedes Jahr von der EU mit der ›Blauen Flagge‹ ausgezeichnet, die für Sauberkeit und gute Infrastruktur steht.

Man unterscheidet drei Arten von Stränden: Ferienstrände, die mit einer gewissen Infrastruktur wie Duschen, Erste-Hilfe-Station, Parkplätze und Restaurants ausgestattet und mit dem Auto erreichbar sind; Naturstrände ohne Serviceeinrichtungen, die jedoch mit dem Auto zugänglich sind und Naturstrände ohne Serviceeinrichtungen, die nur zu Fuß oder mit dem eigenen Boot zu erreichen sind. Die Wassertemperaturen sind von Mai bis in den November hinein zum Baden geeignet. An allen bebauten Ferienstränden stehen Sonnenliegen bereit (Sonnenschirm und zwei Liegen: ca. 18 €). Strandansichten per Internet: www.esplaya.com.

Öffentliche Hallenbäder findet man in Ciutadella und Maó, Hotelhallenbäder gibt es in den unter ›Wellness‹ aufgeführten Unterkünften (s. S. 31).

Bootsverleih

Motor- und Segelboote mit oder ohne Skipper können in den Häfen von Addaia, Ciutadella, Maó und Fornells sowie in Cala Galdana, S'Algar und Cala en Bosc/Son Xoriguer gemietet werden. Ein Motorboot für einen Tag kostet ab 105 €, ein Segelkatamaran ca. 150 €. Für alle größeren Boote ist ein Bootsführerschein oder Segelschein erforderlich. Für einen Skipper zahlt man zusätzlich 180 € pro Tag. Bootsbesitzern, die mit dem eigenen Boot nach Menorca reisen, stehen Liegeplätze in den Häfen von Ciutadella, Fornells und Maó und in den Sportboothäfen von Addaia und Cala en Bosc zur Verfügung.

Seefeste Schlauchboote (100 € halber Tag, 150 € ganzer Tag für 4–5 Personen) kann man bei Audax Sports & Nature in Cala Galdera (s. Hotel Audax S. 54) mieten.

Funsport

An bebauten Ferienstränden wie Cala Galdana, Son Bou und S'Algar gibt es Boot- und Surfbrettverleihe. Die größten Wassersportzentren, die auch speziell auf Jugendliche und Kinder eingestellt sind, befinden sich jedoch in Fornells und Son Xoriguer. Dort kann man alle Arten des Wasservergnügens testen: **Segelkurse** (1 Woche) kosten 160–220 €, **Windsurfkurse** 160–180 €, **Wasserskifahrten** 45 €. Beliebt sind auch **Parasailing** (vom Boot gezogen mit dem Fallschirm in 100 m Höhe über das Wasser fliegen und wieder trocken auf dem Boot landen: 40 € pro Flug) und **Banana Riding** (bananenförmiges Schlauchboot, von einem Motorboot gezogen: 8 € pro Fahrt). Für alle Funsport-Arten gibt es ermäßigte 5er- oder 10er-Karten.

Beschaulicher und immer beliebter sind mittlerweile **Kajak-Fahrten** in Es Grau oder Fornells, dort kann man schöne Ausflüge in der Bucht und zu den Sandstränden am gegenüberliegenden Ufer unternehmen (halber Tag für 2 Personen 30–40 €).

Golf

Ein Paradies der Greens ist Menorca nicht. Der einzige Golfplatz, ein 18-Loch-Platz, befindet sich im Norden der Insel bei Son Parc (s. S. 101). Das Gelände ist sanft gewellt und von Kiefernwäldchen umgeben. Green-Fee: 45–65 € pro Runde (je nach Saison), Golfunterricht 60 € (3 x 30 Min.), www.golfsonparc.com.

Die schönsten Strände

Platges de Son Saura (B 5): Wunderschöne sandige Doppelbucht, fast nie überlaufen, aber weder Kiosk noch Sonnenliegen sind vorhanden. Am Ostrand der Bucht führt ein Pfad durch den Wald zur Mini-Bucht Es Talaier.
Son Bou (F 6): Längster Sandstrand der Insel, nur nahe den zwei Großhotels gut besucht. Im Westen folgen einsame Sandstreifen, wo man in den Dünen auch nahtlos braun werden kann.
Arenal d'en Castell (H 3): Die muschelförmige Bucht mit feinem Sand und kristallklarem Wasser bietet trotz der umliegenden Hotels viel Platz für Schwimmer, Wassersportler und Sonnenanbeter.
Cala Pregonda (E 2): Bis Binimel.là mit dem Auto; von dort geht man auf dem Küstenpfad in ca. 30 Min. zum Traumstrand Cala Pregonda, der durch Felsinseln geschützt wird.

Mountainbiking

Fahrräder und Mountainbikes werden in fast allen Feriensiedlungen sowie in Maó und Ciutadella vermietet (10–15 € pro Tag). Fahrradwege gibt es bisher nur zwischen Maó und Es Grau, zu den Feriensiedlungen rund um Ciutadella und auf dem Weg nach Fornells. Die flachen Inselteile im Osten und Westen sind ideal für weniger konditionsstarke Fahrer. Die viel befahrene Hauptstraße sollte besser gemieden werden. Organisierte halbtägige Mountainbike-Touren bietet der Sportclub in der Feriensiedlung S'Algar (s. S. 91) an.

Reiten

Pferdeshows mit den pechschwarzen menorquinischen Rassepferden organisieren die beiden Reiterhöfe an der Landstraße nach Cala Galdana (s. S. 53). Reitmöglichkeiten und geführte Reitausflüge gibt es außerdem bei Alaior, Cala en Bosc, Sant Tomàs, Ciutadella und Son Parc (Pferd pro Std. ca. 30–40 €, Kinderponys 12–14 € für 30 Min.).

Tauchen

Für Unterwassersportler gehört Menorca sicher zu den schönsten Tauchrevieren im Mittelmeer. Die Insel ist bekannt für ihre spektakulären Unterwasserhöhlen, das kristallklare Wasser mit Sichtweiten von mehr als 50 m und angenehme Wassertemperaturen.

Es gibt über 15 **Tauchschulen** (oft unter deutscher Leitung), die komplette Kurse für Anfänger und Fortgeschrittene sowie Sonderkurse (z. B. Höhlenspezialisierung) anbieten, Material ausleihen und Ausfahrten zu Felsinseln, Unterwasserhöhlen und Schiffswracks organiseren.

Ein kompletter PADI-Open-Water-Tauchkurs für Anfänger (Pool, Theorie und sechs Tauchgänge) kostet etwa 350– 480 €, der PADI-Open-Water für Fortgeschrittene kostet ca. 400–450 €, einzelne Tauchgänge inkl. Bootsfahrt und kompletter Ausrüstung ca. 45–50 €, Nachttauchgänge 50–60 €. Fast alle Tauchschulen bieten auch ermäßigte 5er- oder 10er-Karten an. Auch Schnupperkurse und Schnorcheltrips für die ganze Familie stehen auf dem Programm.

Das für Tauchsportler erforderliche Gesundheitszeugnis und die Pflichtversicherung sind auch vor Ort erhältlich. Die meisten Tauchschulen verfügen über ausführliche Webseiten mit Preisinformationen und Beschreibung der wichtigsten Tauchgründe. Nicht selten ist eine Hotelreservierung oder Apartmentvermittlung möglich.

Tipp für Unterwassersportler

In deutschsprachigen Taucherkreisen beliebt ist die Tauchschule Poseidon, untergebracht im Hotel Bahia in Santandria (www.bahia-poseidon.de, s. S. 92). Die Westseite der Insel bietet für Unterwassersportler abwechslungsreiche Tauchgründe, darunter den weltberühmten Top-Spot Pont d'en Gil.

Tennis

Viele Hotels und Apartmentanlagen verfügen über eigene Tennisplätze. Öffentliche Einrichtungen findet man in Alaior, Ciutadella, Es Mercadal, Ferreries, Maó und Sant Lluís. Platzmiete kostet ca. 10–12 €, Tennisunterricht: 25–30 € pro Std. Der Tennisclub in S'Algar (s. S. 91) ist speziell auf Urlaubsgäste eingestellt.

Wandern

Wanderer müssen auf Menorca oft eigene Wege suchen. Nur wenige Wanderpfade sind ausgeschildert. Die beste Wanderzeit sind Frühjahr und Herbst, in den heißen Monaten (Mitte Juni bis Mitte September) sollte man Wanderungen auf die frühen Morgenstunden oder den späten Nachmittag verlegen. Empfehlenswertes Kartenmaterial für Wanderer sind die in den menorquinischen Buchhandlungen erhältlichen Militärkarten.

Eine der abwechslungsreichsten Routen führt durch das Naturschutzgebiet von Es Grau (s. Tour 5, S. 116). In den Hotels der Feriensiedlungen von S'Algar und Sant Tomàs stehen den Gästen kleine Wanderbücher für Ausflüge in die nähere Umgebung zur Verfügung. In Cala Galdana bietet das Vier-Sterne-Hotels Audax geführte Schluchtenwanderungen an. Geführte Wandertouren organisieren auch S'Algar Sports (s. S. 91) und das menorquinische Unternehmen Dia Complert (s. S. 28).

Organisierte Wanderreisen mit einwöchiger Dauer können über den Veranstalter Wikinger Reisen (Tel. 023 31/ 90 47 41, www. wikinger-reisen.de) gebucht werden.

Sport-Highlights

Regata Menorca Sant Joan: Um den 23. Juni Segelregatta zwischen Barcelona und Maó.
Trobada de veles llatines: 1. Juli-Wochenende Regatta mit Lateinsegelbooten in der Bucht von Fornells.
Copa del Rey: Segelregatta im Hafen von Maó mit alten Segelbooten in der letzten Augustwoche.
Internationale Touristische Radrundfahrt: Mitte Oktober über die ganze Insel.
Internationaler Segel-Pokal Almirante Farragut (Snipe): Anfang November in Ciutadella.

Wellness

Menorca ist kein ausgesprochenes Wellness-Ziel. Dennoch haben in den letzten Jahren mehrere Luxushotels ihre Einrichtungen für Schönheitsbehandlungen erneuert oder erweitert.

Fitnessräume, Schönheits- und Massagesalons, Sauna und Hallenbäder findet man z. B. im **La Quinta Beach Hotel & Spa** (s. S. 103). Die Hotelgäste können das Spa & Wellness Center kostenlos genießen. Aber auch für Besucher aus anderen Hotels stehen ein klimatisiertes Hallenschwimmbad, Sauna, Kaltbecken, Dampfbad, Whirlpool, Kneipp'sche Fußbäder, Sensationsdusche und das Kardiovital Fitnesscenter zur Verfügung. Zum Angebot gehören u. a. Beauty Days von Kopf bis Fuß, Gentleman's Care, Holistiktage und Anti-Cellulite-Programme.

Wellness-Einrichtungen besitzt auch das **Hotel Audax** (s. S. 54) in Cala Galdana, zu dessen Angebot neben Beautyfarm und Fitnesscenter auch Zimmer mit eigenem Whirlpool, Tennisplätze und ein umfangreiches Sport- und Wanderprogramm gehören.

Weitere Beautyhotels sind das **San Valentín** und das **Jardín de Menorca** in Sant Jaume del Mediterrani bei Son Bou (s. S. 100), das **Hotel Santo Tomàs** in der gleichnamigen Feriensiedlung (s. S. 97), das neugestaltete **Hotel Pueblo** in Punta Prima (s. S. 90), das **Hotel Port Ciutadella** (s. S. 64) sowie das **Hotel Capri** in Maó (s. S. 84).

Sprachführer

Schon am Flughafen trifft der Besucher auf dreisprachige Hinweisschilder: *Arrival – Arribada – Llegada* (Ankunft) steht dort auf Englisch, Katalanisch und Kastilisch.

Ein auf Menorca geborener Insulaner redet mit der Familie, Freunden und Bekannten am allerliebsten auf *menorquí,* einer Mundart der katalanischen Sprache. Spricht er dagegen mit Kollegen oder Besuchern aus anderen Teilen Spaniens, schaltet er sofort auf Spanisch um. Von Ausländern wird nicht erwartet, dass sie Katalanisch sprechen, wenn sie es jedoch mit einem freundlichen ›Bon dia‹ (Guten Tag) versuchen, ist die Begeisterung doppelt so groß.

Nach dem Ende der Franco-Diktatur wurden auf Menorca alle Orts-, Straßen- und Hinweisschilder ausgewechselt. Heutzutage findet man fast ausschließlich die ortsübliche katalanisch-menorquinische Version. Dies wird besonders bei der Bezeichnung der Hauptstadt (Maó = Katalanisch, Mahón = Spanisch) deutlich.

Auch an den meisten Schulen ist die Unterrichtssprache inzwischen Katalanisch, und in vielen Bereichen des Alltags wird die katalanische Sprache speziell gefördert. Auf einer neben der Fischmarkthalle von Ciutadella angebrachten Tafel finden Einkäufer beispielsweise die spanischen und katalanischen Bezeichnungen aller angebotenen Waren.

Wichtige Begriffe

Aeroport	Flughafen
Aljub	Zisterne
Ajuntament	Rathaus
Badia	Große Bucht
Barranc	Schlucht
Barrera	Gattertor
Cala	Kleine Bucht
Camí	Weg
Cap	Kap
Carretera	Landstraße
Castell	Festung
Ciutat	Stadt
Cova	Höhle
Escull	kleine Felsinsel
Ermita	Einsiedelei
Església	Kirche
Far	Leuchtturm
Hort	Garten
Illa	Insel
Lloc	Landgut
Mercat	Markt
Mirador	Aussichtspunkt
Molí	Mühle
Museu	Museum
Platja	Strand
Pont	Brücke, Bogen
Port	Hafen
Puig	Berg
Punta	Landspitze
Riu	Fluss
Torre	Turm
Ullastre	Olivenbaum
Urbanizació	(Ferien-)Siedlung

Nützliche Worte

Ja	si
Nein	no
Bitte	sisplau
Danke	gràcies
Guten Tag	Bon dia
Guten Abend	Bon vespre
Gute Nacht	Bona nit
Auf Wiedersehen	Adéu
Hallo	Hola
Wie geht's?	¿Com va?
Danke, gut	Bé, gràcies
Verzeihung	Perdoni
Gern geschehen	De res
Wie heißt Du?	Com et dius?
Ich heiße …	Em dic …
Geöffnet	obert
Geschlossen	tancat

Zeitbegriffe

Heute	avui
Morgen	demá
Gestern	ahir
Woche	setmana
Tag	dia
Stunden	hores
Minuten	minuts
Montag	dilluns
Dienstag	dimarts
Mittwoch	dimecres
Donnerstag	dijous
Freitag	divendres
Samstag	dissabte
Sonntag	diumenge

Zahlen

Die Eins zeigt man mit dem Zeigefinger, der Daumen kommt erst für die Fünf hinzu!

0	zero	20	vint
1	un/una	21	vint-i-ú
2	dos/dues	22	vint-i-dos
3	tres	23	vint-i-tres
4	quatre	24	vint-i-quatre
5	cinc	25	vint-i-cinc
6	sis	30	trenta
7	set	40	quaranta
8	vuit	50	cinquanta
9	nou	60	seixanta
10	deu	70	setanta
11	onze	80	vuitanta
12	dotze	90	noranta
13	tretze	100	cent
14	catorze	101	cent-ú
15	quinze	200	dos-cents/ dues-centes
16	setze		
17	disset	500	cinc-cents
18	divui	1000	mil
19	dinou	2000	dos-mil

Die wichtigsten Sätze

Auskünfte	
Sprechen Sie Deutsch?	¿Parla vostè alemany?
Ich verstehe nicht	No l'entenc
Haben Sie …?	¿Té …?
Wie viel kostet das?	¿Quant costa això?
Wie spät ist es?	¿Quina hora es?
Wo sind die Toiletten, bitte?	¿On son els serveis, sisplau?
Restaurant	
Einen Tisch für … Personen?	¿Una taula per a … persones?
Die Karte, bitte!	¡La carta, sisplau!
Die Rechnung, bitte!	¡El compte, sisplau!
Unterkunft	
Haben sie ein Zimmer frei?	¿Tenen una habitació lliure?
Was kostet es pro Tag/Woche?	¿Quant val per dia/setmana?
Unterwegs	
Wie kommt man nach …?	¿Per on se va a …?
rechts/links/geradeaus	a la dreta/a l'esquerra/tot recte
Ich habe einen Unfall gehabt!	¡He tingut un accident!
Ich brauche einen Arzt!	¡Necessito un metge!
Holen Sie die Polizei!	¡Cridi la policia!
Wann fährt der Bus nach …?	¿A quina hora surt l'autobús de …?
Wo ist die Bushaltestelle?	¿On es l'aturada del bus?

Auskunft

Spanische Fremdenverkehrsämter

… in Deutschland

– Myliusstr. 14, 60323 Frankfurt/M.
Tel. 069/72 50 33, Fax 069/72 53 13
frankfurt@tourspain.es
– Kurfürstendamm 63, 10707 Berlin
Tel. 030/882 65 43, Fax 030/882 66 61
– Grafenberger Allee 100
40237 Düsseldorf
Tel. 0211/680 39 81
Fax 0211/680 39 85
– Postfach 151940, 80051 München
Tel. 089/530 74 60,
Fax 089/53 07 46 20

… in Österreich

Walfischgasse 8, 1010 Wien
Tel. 01/512 95 80, Fax 01/512 95 81
viena@tourspain.es

… in der Schweiz

Seefeldstr. 19, 8008 Zürich
Tel. 01/252 79 31, Fax 01/252 62 04
zurich@tourspain.es

… auf Menorca

Infobüros findet man am Flughafen (Ankunftshalle – nur im Sommer), in Maó und in Ciutadella. Dort steht umfangreiches Informationsmaterial (auch Veranstaltungskalender, Pläne und Karten) zur Verfügung.

Einreise

Für die Einreise nach Spanien benötigen Deutsche, Österreicher und Schweizer einen gültigen Personalausweis oder Reisepass. Reisende aus EU-Ländern können unbegrenzt im Land bleiben, für Schweizer gilt ab drei Monate die Visumspflicht.

Zollbestimmungen: Für Reisende aus EU-Ländern gelten die erweiterten Obergrenzen für den privaten Konsum, für Schweizer Freimengen bis 200 Zigaretten, 1 l Spirituosen oder 2 l Wein.

Anreise

… mit dem Flugzeug

Die Flugzeit von Mitteleuropa nach Menorca beträgt etwas über 2 Std. Die meisten Reisenden buchen eine Pauschalreise, in der Flug, Transfer und Unterkunft eingeschlossen sind. Viele Veranstalter bieten jedoch auch die Nur-Flug-Variante an. Die Preise betragen je nach Saison und Fluggesellschaft zwischen 69 und 400 €. Sondergepäck, Fahrräder und Haustiere müssen frühzeitig angemeldet werden. Direkte Charterflüge gibt es bisher nur in der Sommersaison (Anfang Mai bis Ende Oktober). Im Winterhalbjahr verbinden Linienmaschinen die Insel mit Palma de Mallorca, Barcelona und Madrid.

Flughafen: Menorcas Aeropuerto de Mahón (Tel. 971 15 70 00) liegt im Osten der Insel, nahe der Hauptstadt Maó. Es besteht eine Linienbusverbindung in die Stadt (Busterminal) und von dort zu anderen Orten der Insel. Am Flughafen stehen auch zahlreiche Mietwagenanbieter und Taxis zur Verfügung.

… mit dem Schiff

Die Fährgesellschaft Trasmediterránea verkehrt zwischen Barcelona und Maó je nach Saison 3–6 x pro Woche (Dauer: ca. 8 Std.; Tel. 00 34/902 45 46 45, www.trasmediterranea.es; Buchung über Reisebüros). Die Preise für Autobeförderung und Kabinenplätze sind sehr teuer (Hin- und Rückfahrt: Pkw ca. 100 €, billigster Kabinenplatz ca. 50 €).

Die Fährgesellschaft Baleària (Tel. 00 34/ 902 160 180, www.balearia.com) setzt ein normales Fährschiff auf der Strecke Barcelona–Maó ein (Fahrtzeit 8 Std.) und ein Schnellboot »Ramón Llull« auf der Strecke Barcelona–Ciutadella (Dauer 3–4 Std.).

Geld

Seit Anfang 2002 gilt der Euro (€), 1 € = 1,51 CHF. Bankautomaten für EC/Maestro- und Kreditkarten gibt es in allen Orten und größeren Feriensiedlungen. Kreditkarten werden in fast allen Restaurants und Geschäften akzeptiert, Reiseschecks nur an Bankschaltern, EC-Schecks gar nicht mehr.

Sicherheit

Die Kriminalitätsrate Menorcas gehört zu den niedrigsten Spaniens. Diebstähle sind selten. Dennoch sollte man Taschen und Fotoapparate nie sichtbar im Auto liegen lassen, besonders nicht auf den einsamen Parkplätzen abgelegener archäologischer Stätten und Naturgebiete. Auch bei den Volksfesten (besonders während des Johannisfestes in Ciutadella) ist Wachsamkeit geboten.

Notfall

Notrufnummer für Polizei, Feuerwehr, Ambulanz (kostenlos): 112
Pannenhilfe: Unbedingt die Nummer der Mietwagenfirma notieren.

Diplomatische Vertretungen

Deutsches Honorarkonsulat
Carrer des Negres 32, 07703 Maó
Tel. 971 36 16 68

Österreichisches Konsulat
Sindicat 69, 07002 Palma de Mallorca
Tel. 971 72 80 99

Schweizer Konsulat
Gran Via Carles III, 08028 Barcelona
Tel. 934 09 06 50

Fundbüro

In den Polizeidienststellen im Rathaus von Ciutadella und Maó.

Telefonieren

Ferngespräche sind von allen Telefonsäulen möglich. Telefonkarten *(tarjeta telefónica)* erhält man in Tabakläden und bei der Post. Vorwahl für internationale Gespräche: 00, dann für D 49, AU 43, CH 41, danach die Ortsvorwahl ohne Null. Von 20 bis 8 Uhr sowie Sa und So gelten ermäßigte Tarife. Nach Menorca wählt man 00 34 und dann die stets neunstellige Nummer.

Öffnungszeiten

Öffnungszeiten ändern sich auf Menorca oft und können in der Vor- und Nachsaison reduziert werden.
Banken: Mo–Fr 9–14 Uhr. **Post:** Mo–Fr 8.30–14.30, Sa 9.30–13 Uhr.
Geschäfte: 10–13.30 und 17–20 Uhr; in den Ferienorten durchgehend und auch am Wochenende bis spät abends.
Museen sind meist So nachmittags und Mo ganztägig geschlossen.

Gesundheit

Mit dem Formular E-111 (bei der Krankenkasse im Heimatland anfordern) kann man alle staatlichen spanischen Ärzte und Krankenhäuser kostenlos in Anspruch nehmen. Privatversicherte sollten sich eine detaillierte Rechnung ausstellen lassen, um diese nach der Rückreise einzureichen.

Hauptkrankenhaus der Insel
Hospital Mateu Orfila, Tel. 971 48 70 00 (24-Std.-Notaufnahme)

Staatliche Ambulanzen
Ciutadella: Carrer St. Antoni Mª Claret, Tel. 971 48 01 11
Maó, Carrer Fornells 106–107
Tel. 971 35 29 90

Privates Arztzentrum
(deutsch-/englischsprachig):
Salus, Info-Tel. 900 70 60 60

Deutschsprachiger Zahnarzt
Karsten Seidat, Maó, Tel. 971 35 21 96

Reisen mit Handicap

Immer mehr öffentliche Einrichtungen stellen ihre Anlagen auf Behinderte ein. Die zahlreichen steinigen Wege, abschüssigen Straßen und engen Bürgersteige machen jedoch nicht alle Orte der Insel für Rollstuhlfahrer zugänglich. Ein schwieriges Terrain ist die Stadt Alaior und die Hauptstadt Maó, verkehrsberuhigt und flach dagegen die Stadt Ciutadella. An einigen Stränden (z. B. Cala en Blanes) hat man Stege für Rollstuhlfahrer angelegt, die direkt bis zum Wasser führen. Am Strand von Punta Prima steht Behinderten ein schwimmfähiger Rollstuhl zur Verfügung. Elektrische Rollstühle vermietet Menorca Mobility, Tel. 971 15 36 11.

Einzel- und Gruppenreisen für Behinderte bietet der Spezialreiseveranstalter Weitsprung, Gutenbergstr. 27, 35037 Marburg, Tel. 064 21/68 68 32, www.weitsprung-reisen.de an.

Unterwegs auf Menorca

… mit dem Bus

Die Busse der Gesellschaft **TMSA** (in Maó Tel. 971 36 04 75, in Ciutadella Tel. 971 38 03 93, www.tnsa.es) verkehren bis zu 20 x tgl. auf der Strecke Maó–Alaior–Es Mercadal–Ferreries–Ciutadella. Von Maó gibt es zahlreiche Verbindungen nach Sant Lluís, Es Castell und in fast alle Feriensiedlungen an der Südküste. Die Busse der Gesellschaft **Autos Fornells** (Tel. 686 93 92 46, www.autosfornells.com) verkehren von Maó auf der Nordstraße nach Arenal d'en Castell, Son Parc, Fornells und Platges de Fornells. Alle Feriengebiete an der Westküste werden von den Bussen der Gesellschaft **Torres** (Tel. 971 38 64 61, www.e-torres. net) angefahren. An Sonn- und Feiertagen ist der Busverkehr stark eingeschränkt.

… mit dem Boot

Täglich starten Küstenfahrten mit Ausflugsschiffen oder Segelkatamaranen von Maó, Ciutadella und Cala en Bosc. Weitere Einschiffungspunkte sind Cala Galdana und Fornells. Ein besonderes Erlebnis ist die Hafenrundfahrt mit den gelben Katamaranen im Hafen von Maó.

… mit dem Taxi

Taxifahrten sind ein eher kostspieliges Vergnügen. Es gibt kein Taxameter, sondern je nach Strecke festgelegte Tarife nach einer offiziellen Preisliste, die jeder Taxifahrer mit sich führt. Der Preis für die Strecke Flughafen–Cala en Bosc beträgt ca. 55 €, Flughafen–Maó Zentrum 12 €. Für die Abreise sollte man das Taxi zum Flughafen schon am Vorabend bestellen.

... mit Shuttle

Die Firma Shuttle Menorca bietet preisgünstige Transfers von oder zum Flughafen im Minibus oder in der Limousine an (ab 15 € p. P., www.shuttle menorca.com).

... mit dem Mietwagen

Für Juli/August empfiehlt sich eine Vorbestellung über ein Reisebüro am Heimatort. In den anderen Monaten findet man überall genügend Angebote. Für einen Kleinwagen zahlt man pro Woche ab 150 €. Die Preise verstehen sich inkl. unbegrenzter Kilometerzahl, Steuern und Versicherungen. Es lohnt sich ein Preisvergleich zwischen örtlichen Agenturen und internationalen Anbietern.

Mopeds/Motorroller: Im Hochsommer ist eine Vespa das ideale Verkehrsmittel. Die Preise liegen jedoch nur wenig unter den Mietwagentarifen. Anbieter gibt es ausschließlich in Maó und Ciutadella. Es besteht Helmpflicht!

Verkehrsregeln: Sie entsprechen den mitteleuropäischen Vorschriften. Die Promillegrenze liegt bei 0,25. Die zulässige Höchstgeschwindigkeit beträgt in Ortschaften 50 km/h, in Ferien- und Wohngebieten 30 km/h und auf Landstraßen 90 km/h. Mobiltelefone dürfen während der Fahrt nur mit Freisprechanlage benutzt werden.

Sicherheitstipps: Hauptstraße und Zufahrtsstraßen zu den Feriensiedlungen sind in gutem Zustand, die Nebenstrecken dagegen sind meist eher holprig. Benutzen Sie an Steigungen die Langsamfahrspur und lassen Sie Eilige stets zügig überholen. Polizeikontrollen an der Landstraße und an Ortseinfahrten werden häufig durchgeführt (Alkohollimit und Gurtpflicht beachten!).

Parken: Im Altstadtbereich von Maó und Ciutadella gibt es blau markierte, kostenpflichtige Parkplätze (Parkuhren), in Maó auch Tiefgaragen. Am Stadtrand findet man zahlreiche kostenlose Parkmöglichkeiten. An gelb markierten Stellen gilt absolutes Park- und Halteverbot. Nie an Ausfahrten, in Kurven oder an Straßenecken verkehrsbehindernd parken! Falschparker werden abgeschleppt!

Organisierte Ausflüge

Alle Reiseveranstalter bieten vor Ort ganz- oder halbtägige Ausflüge an. Diese Fahrten sind im Hotel bei der Reiseleitung buchbar und kosten für Halbtages-Bustouren 20–24 € und für Ganztages-Bustouren oder Bootsfahrten 31 bis 57 €. Lohnend sind besonders die ganztägigen Inselrundfahrten, denn dabei erfährt man von erfahrenen Fremdenführern viel Wissenswertes über Land und Leute, darunter auch Hinweise für die weitere Urlaubsgestaltung, und lernt Highlights und versteckte Winkel der Insel kennen: Monte Toro, Fornells, Cala Galdana, Stadtführung in Ciutadella oder Maó, Hafenrundfahrt in Maó, Binibèquer ...

Ausflüge nach Mallorca: Mit dem Schnellboot der Gesellschaft Baleària (www.balearia.com) erreicht man von Ciutadella aus in einer Stunde den Hafen von Alcúdia im Norden Mallorcas. Reguläre Schiffsverbindungen: s. Ciutadella (S. 65) und Maó (S. 86).

Orte vo

Mit dem Boot durch den gewaltigen Naturhafen von Maó fahren, in der Bischofsstadt Ciutadella durch romantische Gassen schlendern. Liebliches Hügelland und karge Steilküsten im Norden der Insel oder tiefe Schluchten und herrliche Buchten im Süden entdecken. In kleinen Dörfern durch Keramikläden oder Kunstgalerien stöbern. Vom Berg El Toro die ganze Schönheit der Insel auf einen Blick erfassen

n A bis Z

… Dieser Führer zu Menorca gibt Ihnen nützliche Tipps und ausgesuchte Adressen an die Hand, damit Ihr Urlaub zum Erlebnis wird. Und wer auf der Insel Besonderes sehen möchte, dem seien die fünf Touren empfohlen. Menorca in kompakter, überschaubarer Form, für alle, die entdecken und nichts verpassen möchten.

Addaia / Port d'Addaia (H 3)

Gepflegte Privatvillen stehen am Ufer der gleichnamigen, 3 km langen Bucht, die von einem englischen Verteidigungsturm aus dem Jahr 1800 bewacht wird (s. Tour 3, S. 112). Der moderne Sportboothafen Port d'Addaia, den die kleine Felsinsel Illa de Ses Mones schützt, lässt bei Skippern kaum einen Wunsch offen. Im oberen Teil der Siedlung gibt es Einkaufsmöglichkeiten, Restaurants und eine Tauchschule.

Zwischen der Cala d'Addaia und der benachbarten Cala Molí schiebt sich eine Landzunge weit ins Meer hinein. Von dort genießt man einen schönen Ausblick auf die Felsinseln Illa Gran d'Addaia und Illa Petita d'Addaia, den Sandstrand des benachbarten Küstenortes Na Macaret mit seinen drei Dattelpalmen, die zerklüftete Küstenlandschaft und auf die vorbeifahrenden Boote.

Sport & Strände

Addaia / Port d'Addaia besitzt keine Sandstrände, die nächstgelegenen befinden sich mit dem Auto 5 Min. entfernt in **Arenal d'en Castell** oder in **Na Macaret.**

Liegeplätze, Bootsverleih, Segeltörns und alle Serviceleistungen für Bootsbesitzer im Sportboothafen Port d'Addaia.

Am Ortseingang finden Besucher einen **Restaurant- und Einkaufskomplex,** die dortigen Lokale bieten jedoch keine Glanzleistungen. Es empfiehlt sich daher auf das benachbarte Na Macaret (s. S. 87) auszuweichen. Im **Café La Cantina** am Yachthafen trifft man sich auf einen Kaffee.

Alaior (G 5)

Die drittgrößte Ortschaft der Insel (ca. 9000 Einw.) gruppiert sich rund um den Hügel, auf dessen Spitze die Pfarrkirche Santa Eulàlia thront. Dicht gestaffelt stehen die Häuser am Hang, enge Gassen winden sich wie ein Labyrinth durch den Altstadtkern, vorbei an weiß gekalkten Häusern, deren grüne Türen und Fenster liebevoll mit Häkel- oder Spitzengardinen ausstaffiert sind. Im unteren Ortsteil findet man Schulgebäude, Käsefabriken und große Supermärkte. Rund um Alaior erstrecken sich kleine Gemüsegärten, in denen Melonen, Kürbisse und Gemüse gezüchtet werden, und Obstplantagen, auf denen Mispeln, Aprikosen, Pfirsiche und Äpfel gedeihen.

Sehenswert

Pati de sa Lluna: Der stille Innenhof ist Teil des ehemaligen Franziskanerklosters aus dem 17. Jh. Im 20. Jh. wurden die früheren Klosterzellen des Kreuzganges zu kleinen Wohnungen umgestaltet, in denen Künstler, junge Leute und viele Zuwanderer ein Zuhause fanden.

Im Jahr 2003 kaufte die Stadtverwaltung den Klosterkomplex, die letzten Bewohner mussten daraufhin ihr Heim verlassen und das Gebäude soll in Zukunft kulturellen Zwecken zugeführt werden, über einen möglichen Eröffnungstermin ist jedoch noch nichts bekannt.

Convent de Sant Diego: Die ehemalige Kirche des Franziskanerklosters wurde von der Stadtverwaltung in einen Ausstellungssaal verwandelt, in dem verschiedene Sonderausstellungen stattfinden (nur während der Ausstellungen geöffnet: Di–So 10–13, 19–21 Uhr).

Bernardo prüft den Queso Mahón im Käseladen Torralba in Alaior

Plaça de la Constitució: Das Kulturzentrum mit Bar und Kino, das Café Ca na Divina, das im Sommer Tische und Stühle auf den Platz stellt, und historische Wohnhäuser mit hübschem Fassadenschmuck gruppieren sich rund um den Hauptplatz, von dem fünf Straßen in alle Richtungen führen.

Cases Consistoriales: Im Carrer Major erhebt sich das palastartige Gebäude aus dem 17. Jh., in dem 1672 die erste Ratssitzung stattfand. Eine Tafel im ersten Stock oberhalb der schönen Freitreppe erinnert an den Besuch des spanischen Königs Alfons XII. im Jahr 1877. Im Erdgeschoss befinden sich ein alter Ziehbrunnen und Räume für Ausstellungen und Vorträge. Das Rathaus birgt außerdem eines der ältesten Stadtarchive der Insel.

Església de Santa Eulàlia: Wie eine Festung erhebt sich die 1674–1690 gebaute Hauptkirche auf dem höchsten Punkt der Stadt. Sehenswert ist die Fassade mit dem prachtvollen Barockportal, das pflanzliche Ornamente, Grotesken und das Bildnis der Heiligen Eulàlia aufweist. Im Innenraum beeindruckt die seitlich angebaute Rosenkranzkapelle mit dem vergoldeten Altaraufsatz.

Parc Munt de l'Angel: Von der Kirche Santa Eulàlia erreicht man durch den Carrer de l'Angel in wenigen Minuten den Parc Munt de l'Angel, wo sich ein schöner Ausblick auf die umliegende Landschaft mit ihren kleinen Gemüsegärten und dem in der Ferne aufragenden Berg El Toro öffnet.

Sant Pere: Über die Plaça Nova im nördlichen Teil der Altstadt gelangt man zur Kirche Sant Pere mit ihrem hübschen Barockportal und dem schattigen Vorplatz. Von dort sind es nur wenige Minuten zur restaurierten Windmühle (Privatbesitz) und zu dem am Camí d'en Kane gelegenen Friedhof der Stadt.

Sport

Reiten: Picadero Menorca,
Crta. Alaior–Es Mercadal km 0,5
(Abzweigung nach Son Bou),
Tel. 608 32 35 66.

Großer Reiterhof am Ortsrand von Alaior, tgl. Reitausflüge in kleinen Gruppen oder individuell durch den Inselsüden, auch Reitunterricht.

Einkaufen

Wochenmarkt: Do vormittags rund um die breite Avinguda del Pare Huguet.

Mercat de Nit: Ende Juni bis Anfang Sept. Mi 19–23 Uhr.
Abendlicher Kunsthandwerksmarkt mit 20–30 Marktständen im Carrer Major und Carrer des Forn. Im Angebot sind Glaswaren, Keramik, Schmuck, Lederwaren, Spielzeug und Kerzen.

Coinga: Carretera Nueva s/n (am östlichen Stadtrand), Tel. 971 37 12 27.
Käsefabrik mit Verkaufsraum, s. Tour 4, S. 115.

S'altra Senalla: Carrer Menor 21.
Solidaritätsladen mit hübschem Kunsthandwerk und Lebensmitteln aus der Dritten Welt.

Centre Comercial Baleàrica: Es Plans, Crta. Maó–Ciutadella km 14,8.
Verkaufsräume der bekannten Schuhmarke Pons Quintana: elegante Damen- und Herrenschuhe, Lederjacken und -gürtel, Handtaschen.

Feste & Unterhaltung

Patronatsfeiern zu Ehren von Sant Llorenç: Um den 10. August, u. a. Umzug mit geschmückten Kutschen und Pferderennen zwischen Stadt und Friedhof.

Sommerkonzerte: Im Hochsommer finden auf der Plaça de la Constitució jeden Mittwoch um 20.30 Uhr Live-Konzerte statt.

Feria agrícola: Landwirtschaftsmesse (erste Märzhälfte) mit der Ausstellung von landwirtschaftlichen Produkten und Maschinen, Kunsthandwerk und Haustieren. Jedes Jahr wird die schönste Kuh preisgekrönt.

Im Stadtbereich von Alaior gibt es keine Hotels, die nächstgelegenen Unterkünfte befinden sich am Strand von Son Bou (s. S. 100).

Can Jaumot: Carrer Sant Joan Baptista 6 A, Tel. 971 37 82 94, Mo–Sa 12.30–15.30, 19–23 Uhr.
In der Unterstadt neben den Schulgebäuden, Café-Bar und Restaurant, preiswertes Tagesmenü (13 €), das besonders bei Einheimischen beliebt ist.

The Cobblers: Costa d'en Macari 6, Tel. 971 37 14 00,
Mo–Sa 18.30–22.30 Uhr.
Ehemalige Schuhwerkstatt im Herzen der Altstadt mit hübschem Garten im Innenhof. Die englischen Besitzer servieren ausgefallene Gerichte aus England, Frankreich und dem Mittelmeerraum, z. B. *Filete de salmón cajún* (frischer Lachs mit Kräutern und Mangosauce) für 16,50 €. Am Sonntagmittag traditioneller englischer Sunday Lunch.

Bus: Carrer Sant Joan Baptista, 18 x tgl. nach Maó und Ciutadella.

Taxi: Taxistand an der Plaça des Ramal, Taxi-Ruf: Tel. 971 36 71 11.

Ziele in der Umgebung

Lloc de Menorca: Im Jahre 2006 eröffnete dieser liebevoll angelegte Zoologische Garten, in dem nicht nur heimische Tierarten, sondern auch exotische Vögel, u. a. Enten, aus der ganzen Welt zu Hause sind. Mehr als 200 Arten und rund 500 Tiere leben in der Anlage, darunter Straußenvögel und ein Känguru. Landstraße Alaior–Maó, Einfahrt Biniac-L'Argentina, Tel. 971 37 24 03, www.llocdemenorca.com, tgl. 10–20 Uhr.

Torralba d'en Salort (G 5): Der bedeutende archäologische Park liegt 3 km südlich von Alaior (s. S. 103 und Tour 1, S. 109).

Arenal d'en Castell (H 3)

Die halbmondförmige Bucht mit feinsandigem Strand und türkisblauem Wasser bietet viel Platz für Sonnenanbeter. Die umliegende Küstenlandschaft ist karg, aber reizvoll. Besonderen Charme lassen dagegen die fantasielos gestalteten Hotelblöcke und die recht öden Lokale an der Durchgangsstraße vermissen. Ein Zentrum gibt es in Arenal d'en Castell nicht, die Einkaufsmöglichkeiten beschränken sich auf wenige Supermärkte.

Sport & Strände

Schöner, sanft ins Meer abfallender **Sandstrand,** mit Tretbootverleih.
Sport: Tennisplätze, Pools, Fitnessraum und Animation im Hotel Aguamarina, auch für Nicht-Hotelgäste (Tennis und Fitnessraum gegen Gebühr).

Tauchen
Marina Divers:
Im Hotel Marina Park,
Tel. 696 17 20 30,
info@marina-divers-menorca.com,
www.marinadivers.eu.
PADI-Kurse vom Open Water Diver bis zum Dive Master, tgl. Ausfahrten, Nacht-, Grottentauchen, Schnorcheltouren und Kajak-Ausflüge. Unterkunftsvermittlung.

Die hübschen Apartmentanlagen **Isla Paraiso** (oberhalb der Bucht) und **Marina Park** (im Landesinneren) können nur über Reiseveranstalter reserviert werden.

Romani: Avinguda s'Arenal 11–19, Tel. 971 35 80 96, tgl. 11–22 Uhr.
Restaurantterrasse hoch über dem Meer. Snacks, z. B. *Lasaña vegetal* (vegetarische Lasagne) für 4,80 € und preiswerte Fischgerichte zwischen 7,50 und 16,50 €.
Alcalde: Avinguda s'Arenal 62–116, Tel. 971 35 80 93,
Mo–So 12.30–15.30, 18.30–23 Uhr.
Hübscher Speisesaal, schattige Terrasse, menorquinische Küche, Fisch- und Fleischgerichte, mittags lassen sich auch viele Einheimische das hervorragende Tagesmenü für 23,50 € schmecken.

Ein **Minizug** fährt durch die gesamte Feriensiedlung und bis zum Strand von Na Macaret.
Bus: 5 x tgl. nach Maó, 2 x tgl. nach Fornells.

Highlight 1

Binibèquer (Binibeca) (H/J 8)

Zwischen Torret de Baix und Binissafúller erstreckt sich die weitläufige Feriensiedlung Binibèquer, die sich aus einem neuen (Binibèquer Nou) und einem alten Ortsteil (Binibèquer Vell) zusammensetzt. Am Rande des aus verstreuten Privatvillen bestehenden Binibèquer Nou liegt der hübsche Sandstrand mit dem alten Bootshäuschen, in dem ein nettes Strandcafé eingerichtet ist. 1 km weiter in westlicher Richtung präsentiert sich der preisgekrönte Ferienkomplex ›Poblado de Pescadores Binibeca Vell‹, der wie eine weiße Schneeflocke an der felsigen Küste klebt. Das Bilderbuchdörfchen entstand vor mehr als 30 Jahren auf

So genießt man den Sonnenuntergang in der Cala de Binibèquer

dem Zeichentisch eines menorquinischen Architekten. Spaziergänger und Besucher lassen sich durch die verspielten Formen der einfallsreichen Architektur, die engen Gassen, niedrigen Torbögen und winzigen Plätze bezaubern. Im Gassengewirr entdeckt man schmale Durchgänge, antike Türen, hübsche Keramikschilder und Gattertore in Miniatur. Den Mittelpunkt bildet eine offene Kapelle mit einer grazilen Christusfigur und einem hoch aufragenden Campanile. Von der Meerseite sieht das Ensemble so aus, als hätte man weiße Kalkfarbe über eine Ansammlung von beliebig zusammengewürfelten Bauklötzen gegossen.

Sport & Strände

Die nächsten **Sandstrände** liegen zu Fuß etwa 10 Min. entfernt.
Einen **Pool** gibt es in der Shopping-Zone von Binibeca Vell.
Wassersportmöglichkeiten (Tauchschule, Bootsverleih) findet man in Torret de Baix und in Binissafúller.

Einkaufen

Ses Nines: Im Einkaufszentrum von Binibeca Vell, neben dem Eisgeschäft. Menorquinische Sommerkleider mit Motiven bekannter Designer, hübsche T-Shirts und Kinderkleidung.

Complejo Turístico Pueblo de Pescadores Binibeca Vell: Tel. 971 15 06 12,
Fax 971 15 04 12,
www.hlghotels.com,
Apartment (1–4 Pers.) je nach Größe und Monat 45–180 €.
Apartments in den weißen Häusern der gleichnamigen Feriensiedlung und im moderneren Teil rund um den Pool. Alle Wohnungen verfügen über eigene Küche und werden täglich gereinigt.
Eden Binibeca Club: Passeig del Mar, Tel. 971 15 10 75,
Fax 971 15 14 46,
www.eden-hotels.com,
54–164 €.
Hübsche Apartmentanlage mit Studios und Apartments, Pool, Garten und Restaurant. Direkt am Meer.

Club Náutico: Passeig de la Mar Binisatùa Rothers,
Tel. 666 95 74 14.
Bei Einheimischen beliebter Platz zum Mittag- oder Abendessen. Tapas, Fisch und andere leckere Kleinigkeiten. Preisgünstig.
Eden: Avinguda del Mar,
Tel. 971 15 67 42,
Mo–Sa 19.30–24 Uhr, die benachbarte Snackbar ist tagsüber geöffnet.
Im Naturstein-Apartmentkomplex Eden Binibeca Club, den weißen Häusern von Binibeca Vell gegenübergelegenes, stilvoll eingerichtetes Restaurant mit hellem Speisesaal und schöner Terrasse. Auf der Karte stehen in erster Linie Spezialitäten aus dem Meer und verschiedene Reispfannen (Paellas) für ca. 14–20 €.

Der **Minizug Binibèquer Express** fährt 5 x tgl. auf der Küstenstraße nach Punta Prima.
Bus: 3 x tgl. nach Maó.

Binissafúller (H 7)

Der Meeresarm, der sowohl von kleinen Bootsgaragen als auch von modernen Ferienhäusern umgeben wird, endet an einem idyllischen Sandplatz. Die blendend weißen Dächer der Häuser sind im Sommer von blühenden Bougainvilleen überrankt. In der Umgebung findet man zwei Restaurants und die Miniaturbucht Es Caló Blanc, die als kleinster Strand der Insel gilt. Die westlich ins Meer hineinragende felsige Halbinsel Cap d'en Font stellt mit ihren Unterwasserhöhlen ein Paradies für Taucher dar.

Sport & Strände

Der versteckte Badeplatz der **Cala de Biniparratx** liegt am Ende einer Kalksteinschlucht: Man erreicht ihn vom steinigen Parkplatz aus nach 5–10 Min. Wanderung.

Restaurant Binidalí: Binidalí 53, Tel. 971 15 34 55, www.binidali.com, tgl. 12.30–15.30, 19–23 Uhr.
Der seit mehr als 20 Jahren auf der Insel ansässige Helmut A. Heitzmann und seine spanische Frau Ana führen das nette Lokal am großen Pool. Kleine Karte mit einfachen Gerichten, darunter Kaninchen gegrillt mit Knoblauchmayonnaise (11,50 €), deutsches Warsteiner-Bier. Auch Apartmentvermittlung.
Binisafua Playa: Crta. Cap d'en Font, Tel. 971 15 18 69, Mi–Mo 11.30–17 Uhr.
Einfaches Lokal mit verglaster Terrasse, 100 m vom Strand. Snacks, menorquinische Spezialitäten und ausgezeichnete Paella (*Paella mixta* 12,50 €).

Ziele in der Umgebung

Cala de Binidalí (H 7): Die moderne Feriensiedlung besteht aus luxuriösen Ferienhäusern, gepflegten Pools und tollen Gartenanlagen. Zerklüftete Küstenfelsen schieben sich weit ins Meer hinein und verbergen die kleine Sandbucht Cala de Binidalí, die man über einen abschüssigen Stufenweg erreicht (s. auch Restaurant Binidalí).

Cala Blanca (A 4)

Die südlich von Ciutadella gelegene Feriensiedlung ist ein weitläufiges Gebiet mit hübschen Privathäusern, vielen Bäumen, drei mittelgroßen Hotels und einigen Apartmentanlagen. Der weiße, feinsandige Strand am Ende einer fjordartigen Bucht wird von einem Kiefernwäldchen und terrassenförmig angelegten Grünflächen mit Bänken und Kinderspielplatz begrenzt. Zu beiden Seiten der Bucht dienen Steinplatten, Leitern und Stufen als versteckte Sonnen- und Badeplätze. Eine kleine Kapelle und die Shoppingmeile mit Boutiquen, Bars und Restaurants bilden eine Art Ortskern.

Sport & Strände

Außer am kleinen **Sandstrand von Cala Blanca** gibt es im nördlichen Teil der Siedlung, vor dem **Hotel Blancala,** und in der Bucht **Clot de Sa Cera** schöne Badeplätze.

Eine kleine **Wasserrutsche** befindet sich bei der Gartenbar ¡Hola Ola! an der Südseite der Bucht.

Tauchen

Dive Cala Blanca: Avinguda de Cala Blanca, Tel. 629 68 27 39, www.divecalablanca.com.
Englische Tauchschule gleich neben der Moonlight Cocktail Bar und dem **Freizeitkomplex Key West** (Pools, Sonnenliegen, Bars und Restaurants).

Ausgehen

¡Hola Ola!: Auf der Südseite des Strandes bei der Wasserrutsche, tgl. 10–23 Uhr.
Nette kleine Gartenbar, Tische unter Schirmen aus Palmenblättern, Sangria, Cocktails.
Moonlight Cocktail Bar: Auf der Nordseite des Strandes, tgl. 10–3 Uhr.
Große Terrasse manchmal mit Live-Musik, tropische Cocktails, Wein- oder Sektsangria, ideal zum Sonnenuntergang und in langen lauen Sommernächten.
The Blarney Stone: Avinguda de Cala Blanca im Centro Comercial, tgl. 11–3 Uhr.
Bester Platz für den Sonnenuntergang: Irish Pub, mit Poolbillard, dunklem Stout und natürlich Irish Coffee, Fr mit Live-Country-Musik.

Hotel Sagitario: Tel. 971 38 28 77, Fax 971 38 33 19, www.hotelsagitario. com, DZ 59–158 €.
Gepflegte Hotelanlage mit 72 geschmackvoll eingerichteten Zimmern auf zwei Etagen, Büfettrestaurant, Garten, Pool, Boutique, Abendunterhaltung. Ruhigere Zimmer zum Garten.
Hotel Mediterrani: Tel. 971 38 42 03, Fax 971 38 61 62, DZ 65–172 €.
Erstklassig geführte Hotelanlage mit 180 Zimmern, großzügig angelegter Garten mit tropischer Vegetation und hübschem Pool, 100 m vom Strand, gepflegte Atmosphäre in der Bar und im Restaurant. Tennisplatz, Fahrradverleih.

Zhong Hua: Avinguda de la Platja 7, Tel. 971 38 58 84, tgl. 12–16, 18–24 Uhr.
Chinesische Küche mit Reis-, Fleisch- und Fischgerichten für den kleinen Geldbeutel, auch zum Mitnehmen. Mittagsmenü 8 €.
Il Vespro: Avinguda de la Mar, Zona Comercial, Tel. 971 48 05 70, Mi–Mo 13–15, 19–23, Di 19–23 Uhr.
Beste Lage mit Meerblick, klassische Musik und ausgefallene Gerichte, z. B. *Bacalao con all i oli gratinado* (mit Knoblauchmayonnaise gratinierter Stockfisch, 14 €). Menorquinischer Familienbetrieb.
Es Moix: Centre Comercial s/n, Tel. 971 48 24 29, tgl. 13.30–15.30, 20–24 Uhr, in der Vor- und Nachsaison Di mittag und Mo geschl.
Klein, aber fein, mit hübsch gestaltetem Interieur, nur zehn Tische, die Wände schmücken Bilder des menorquinischen Malers Pepe Torrent. Das junge katalanische Team präsentiert eine kleine, ständig wechselnde Speisekarte mit Rezepten aus Katalonien und dem Baskenland, z. B. *Magret de pato sobre crema de peras* (Entenfilet auf Birnencreme) für 18,50 €. Große Weinkarte.
Es Caliu: Crta. Ciutadella–Cala Blanca, Tel. 971 38 01 65, tgl. 12.30–15.30, 18–23.30 Uhr.
Rustikales Grilllokal. Der uruguayische Restaurantchef sorgt für butterzarte Steaks vom Holzkohlengrill, Spanferkelbraten und Riesenportionen Lammschulter (Hauptgerichte 12–24 €).

Mini Tren: Ein Minizug fährt alle halbe Stunde durch die ganze Feriensiedlung, die Haltestellen sind mit ›Tren‹ und ›Turistic-Train‹ markiert.
Bus: 15 x tgl. nach Ciutadella, 1 x tgl. nach Cala en Bosc.

Cala d'Alcalfar (K 7)

Südlich von Sant Lluís liegt diese stille Sommersiedlung am Rande einer lang gestreckten Bucht, die von alters her Wochenenddomizil von menorquinischen Familien ist, die in hübschen Villen die heißen Sommertage genießen.

Viele zauberhafte Häuschen aus dem frühen 20. Jh. sind erhalten, wie die Villa Antonieta aus dem Jahr 1921 im Carrer Ample. Das stattliche Anwesen Quatre Vents am Ortseingang gehört der Familie des bekannten spanischen Bildhauers Eduardo Chillida (2002 gestorben). Schräg gegenüber steht die 1947 gebaute Ermita de Sant Esteve, eine Kapelle mit schattigem Vorplatz, die nur im Hochsommer für Gottesdienste geöffnet wird.

Sehenswert

Es Caló Roig: Über dem winzigen Sandplatz Es Caló Roig wacht auf einer

Felsnase die **Torre d'Alcalfar,** ein von den Spaniern im 18. Jh. erbauter Turm, der vor einigen Jahren renoviert wurde. Gegenüber schützt die **Felsinsel Es Torn** die Badeplätze vor hohem Seegang.

Sport & Strände

Am Ende der Bucht liegt der nur 50 m lange **Sandstrand,** doch auch die Rampen vor den Bootshäusern dienen als Badeplätze.

Hotel Xuroy: Tel. 971 15 18 20, Fax 971 15 65 24, www. xuroymenorca.com, DZ 60–120 €.
Drei-Sterne-Strandhotel im alten Stil mit 87 Fremdenbetten, einige Zimmer mit Balkon, schöner Swimmingpool. Über das Hotel kann man auch Apartments reservieren.

Piccolo Mundo: Carrer de Xaloc 13, Tel. 971 15 10 73, tgl. 11–15, 19–23 Uhr, Di mittags geschlossen.
Gartenlokal unter schattigen Bäumen, mit schönem Blick auf die Nachbarsiedlung S'Algar. Snacks, Kinderteller, Hauptgerichte wie *Calamares a la plancha* (gegrillte Tintenfische) oder *Pechuga de pollo al queso de Mahón* (Hühnchenbrust mit Mahón-Käsesauce) für 10–12 €. Die Attraktion für Kinder ist das Schildkrötengehege.

Bus: 6 x tgl. nach Sant Lluís und Maó.

Ziele in der Umgebung

S'Algar (K 7): Eine 30-minütige Rundwanderung führt erst küstennah bis nach S'Algar und dann küstenfern an verwilderten Gemüsegärten vorbei, bis man bei der gelben Villa San Pancracio wieder auf die Zufahrtsstraße nach Alcalfar stößt.

Cala en Blanes/ Los Delfines (A 3)

Die Buchten von Cala en Blanes, Cala en Brut, Cala en Forcat und Cales Piques ziehen sich tief ins Land hinein. Je weiter man nach Norden fährt, umso karger wird die Landschaft und umso größer werden die Bettenburgen. Wie

Hübsche Sommerfrische mit langer Tradition: die Alcalfar-Bucht

Kraut und Rüben sind in diesem nördlich von Ciutadella gelegenen Gebiet in den letzten 30 Jahren Hotels und Apartmentblöcke aus dem Boden geschossen. Rund 7000 Feriengäste, die meisten von ihnen kommen aus Großbritannien, verbringen dort gleichzeitig ihren Urlaub.

Sehenswert

Rund um die **Plaça Espanya,** auf der die steinernen Delfine als Wahrzeichen der Feriensiedlung ›Los Delfines‹ stehen, erstreckt sich die Einkaufsstraße mit Bars, Restaurants, Souvenirläden, Supermärkten und Internetcafés.

Torre del Ram: Auf dem Hochplateau nördlich der weit gestreuten Siedlung überragt die Torre del Ram, ein Wachtturm aus dem 17. Jh., den nordwestlichen Inselteil. Die aus losen Feldsteinen zusammengesetzten, pyramidenförmigen Konstruktionen, die in dieser Gegend dutzendweise auf den Feldern stehen, heißen *Barraques* und dienen den Bauern als Viehställe.

Sport & Strände

Cala en Blanes: Der fjordartige Meeresarm schneidet sich tief ins Land hinein. Dahinter erstreckt sich ein Sandstreifen mit schattigem Palmenhain und Strandkiosk. Die Nordseite der Bucht säumen luxuriöse Ferienvillen, vor denen Steinplatten und Stufen den Einstieg ins Meer erleichtern.

Cala en Brut: Die Felsflanken dieser Bucht sind mit Steinplatten bestückt,

die als Sonnenterrassen oder Sprungbretter in das türkisblaue Wasser dienen. Zweifellos handelt es sich um einen der schönsten Badeplätze nördlich von Ciutadella.

Cala en Forcat: Unterhalb des Hotels Almirante Farragut werden die beiden Meeresarme von Stufenwegen, Steinplatten und kleinen Brücken gesäumt.

Cales Piques: Nackte Felsen umschließen die schmalen, weniger attraktiven Meeresarme von Cales Piques.

Pferdesport und -kutschen

Pferdekutschen: Vor dem Aquapark.

Pferderennen: Auf der Pferderennbahn Torre del Ram jeden So um 18 Uhr Trabrennen.

Tauchen

Happy Sub Internacional Menorca:
Tauchschule im Hotel Almirante Farragut oder Centro de Buceo, Plaça Sto. Domingo, kein Tel. vor Ort, Tel. in Deutschland: 01 72/263 03 05, www.happysub.de.
Tauchschule unter deutschsprachiger Leitung. Herrliche Tauchgründe an der felsigen Nordwestküste. Kurse für Anfänger und Fortgeschrittene.

Wasservergnügungspark

Aquapark Los Delfines:
Beim gleichnamigen Hotel, Tel. 971 38 87 05, www.aquacenter-menorca.com, tgl. 10.30–18.30 Uhr, Erwachsene 17 €, Kinder bis 12 Jahre 10 €.
Das große Spaßbad bietet viel Wasservergnügen nicht nur für Kinder, sondern für die ganze Familie.

Almirante Farragut: Cala en Forcat, Tel. 971 38 80 00, Fax 971 38 81 07, commercial@halfarragut.acorn.es, www.infotelecom.es/hotelalmirantefarragut, DZ 60–168 €.
Das 880-Betten-Hotel, das wie eine Festung auf dem Felsen direkt am Meer thront, ist eines der wenigen Unterkunftsbetriebe nördlich von Ciutadella, in denen auch spanische und deutsche Reiseveranstalter Zimmerkapazitäten reserviert haben. Minigolf, Tennisplätze und Tauchschule im Haus.

Maxi's Bar: Los Delfines, tgl. 11–23 Uhr.
250 m vom Hotel Almirante Farragut an der Steilküste. Herrlicher Badeplatz mit Liegen und Sonnenschirmen auf den Felsplateaus, Dusche und Stufen hinunter ans Meer. Ideal auch für einen Snack (ab 5 €) oder kühlen Drink zum Sonnenuntergang.

Grill Las Brasas: Los Delfines, Tel. 971 38 81 16, tgl. 12.30–15.30, 18–23 Uhr.
Im Landhausstil eingerichtetes Grilllokal. Steaks, Spanferkelbraten und Bauernbrot mit Schinken (8–20 €).

Bus: 15–20 x tgl. nach Ciutadella, Haltestellen in allen Ortsteilen.

Ziele in der Umgebung

Punta Nati (A 2): Vom Stadtrand Ciutadellas sind es 6 km auf der schmalen Landstraße bis zur Punta Nati, der Nordwestspitze Menorcas, auf der sich der 1911 gebaute Leuchtturm in vegetationsloser, windgepeitschter Landschaft erhebt. Die **Cala es Morts** erinnert mit ihrem Namen an eines der schrecklichsten Schiffsunglücke der menorquinischen Seefahrtsgeschichte, bei dem 100 Seeleute ums Leben kamen.

Pont d'en Gil (A 3): Dort, wo die Avinguda de Cales Piques und der Carrer de la Mar zusammentreffen, beginnt der küstennahe Wanderpfad zum Pont d'en Gil, einem Felsentor, dessen Unterwasserwelt zu den schönsten des Mittelmeers gehört.

Cala en Porter (G 6–7)

Besonderen Charme lässt die weitläufige Feriensiedlung, die sich auf der Ostseite der von hohen Felsen umschlossenen Sandbucht erstreckt, eher vermissen. Viele private Bungalows mit kleinem Garten und Pool, mittelgroße Hotels und Apartmentkomplexe, in denen hauptsächlich englische Gäste ihre Ferien verbringen, eine wenig attraktive Einkaufsstraße mit Souvenirgeschäften, Snackbars und Restaurants prägen das Ortsbild.

Unterhalb zieht sich eine fruchtbare, üppig bewachsene Schlucht ins Land hinein, in Küstennähe haben Enten in einem schilfbestandenen Feuchtgebiet ein Refugium gefunden.

Sport & Strände

Der **Strand** ist breit und feinsandig. **Tretbootverleih** am Strand, **Tennisplätze** hinter dem Restaurant Salamandra.

Ausgehen

Aloha: Carrer Xaloc 10,
in der Hochsaison tgl. 20 Uhr bis open end,
Mai, Okt. So/Mo geschl.,
Mi Karaoke, So Live-Musik.
Manuelita und Eduardo bewirten ihre Gäste in einer Cocktailbar, die im polynesischen Stil eingerichtet ist, mit exotischen Drinks und ausgefallenen Mixturen.

Naturhöhle mit Überraschungen

Im oberen Ortsteil von Cala en Porter weist ein Schild zur Steilküste, die sich in dramatischer Gebärde ins Meer stürzt. Dort versteckt sich die Naturhöhle Cova d'en Xoroi, die zu den bekanntesten Sehenswürdigkeiten der Insel gehört. Aussichtsterrassen, Tunnel und verschwiegene Nischen laden zum Erforschen und Verweilen ein. An der Bar wird die im Eintrittspreis enthaltene Erfrischung ausgeschenkt (www.covadenxoroi.com, tgl. ab 11.30 Uhr). Zur Disco in der Naturhöhle s. u. (Highlight).

Highlight 2

Cova d'en Xoroi: In der Vor- und Nachsaison Fr/Sa, im Hochsommer tgl. *Ambient Sessions* ab 20.30 Uhr mit spezieller Musik zum Sonnenuntergang und ab 23 Uhr folgt dann Discomusik bis open end.
Disco in der Naturhöhle mit bekannten DJs, die mal aus London, mal aus Ibiza eingeflogen werden, darüber hinaus zahlreiche Sonderveranstaltungen und jeden Do sogar Schaumparty (s. auch Tipp oben).

Feste & Unterhaltung

Reiterfest: Cala en Porter ist die einzige Feriensiedlung, in der ein traditionelles Reiterfest (um den 20. Sept.) gefeiert wird.

Nachts trifft sich hier die Szene: Disco in der Cova d'en Xoroi

Castillo Sancho Panza: Avinguda Central 342, Tel. 971 37 78 68, DZ 46 €. Einfaches Ein-Stern-Hostal mit Restaurant im Stil eines mittelalterlichen Ritterschlosses gestaltet. 8 Zimmer mit Dusche/WC, spartanisch eingerichtet, aber sauber.

Apartamentos Juan-Tom: Avinguda Central H.8, Tel./Fax 971 37 72 31, mboden@infotelecom.es. Wochenpreise 250–500 €. Zentral gelegenes Apartmenthaus mit 6 Ferienwohnungen jeweils für 4 Pers., Küche, Terrasse und Poolbenutzung, deutsch-menorquinische Besitzer.

El Pulpo: Avinguda Central 347, Tel. 971 37 71 10, tgl. 12.30–15.30, 18–23 Uhr. In der Ortsmitte gelegenes Speiselokal mit großer Terrasse. *Pescado al horno* (im Ofen gegarter Fisch), *Salmon marinado con salsa de cava* (marinierter Lachs mit Schaumweinsoße) oder *Bacalao con alioli gratinado* (Kabeljau mit Knoblauchmayonnaise gratiniert) sind Spezialitäten von Wirt Salvador Selma, 13–16 €.

La Vela: Passeig Marítim, Tel. 971 37 74 52, Di–So 11.30–15, 19–24 Uhr. Die charmanten finnisch-spanischen Besitzerinnen servieren in hellen Speisesälen ausgefallene Gerichte vom *Solomillo de cerdo con mostaza* (Schweinefiletsteak mit Senfsauce, 13,75 €) oder Fisch nach menorquinischer Art 17 €). Die in der Feriensiedlung ansässigen deutschen und englischen Residenten schauen auch gerne auf ein Bier vorbei.

Bus: 7 x tgl. nach Sant Climent und Maó.

Ziele in der Umgebung

Cales Coves (G 7): Vom Carrer Sant Domènec, am Rande der Feriensiedlung, führen mehrere Pfade küstennah auf den steil ins Meer abfallenden Felsen in östliche Richtung. Nach etwa 10 Min. kommen die ersten Höhlen von Cales Coves in Sicht. Die Felswände dieser aus zwei Meeresarmen bestehenden Doppelbucht sind wie ein Schweizer Käse von prähistorischen Begräbnishöhlen durchlöchert. Ein schmaler Pfad führt abschüssig hinunter an die Buchten (s. S. 57).

Highlight 3

Cala Galdana (D 5)

Hohe Steilküsten und Kiefernwälder umgeben die halbmondförmige Badebucht, die sich am Ende einer wildromantischen Schlucht zum Meer öffnet: Durch den Barranc d'Algendar fließt ein ganzjährig Wasser führender Wildbach. Im Uferbereich des Wasserlaufs ankern kleine Boote, und zahlreiche Entenfamilien schnattern im Schilf. Über eine Autobrücke gelangt man von der Landstraße über den Bach zur Westseite der Feriensiedlung, wo Restaurants, Einkaufsmöglichkeiten sowie Hotels und Apartmentanlagen zu finden sind. Eine Fußgängerbrücke führt von dort über die Flussmündung auf eine Halbinsel und an den daran anschließenden Badestrand. Das die Feriensiedlung umgebende Naturschutzgebiet bietet viele idyllische Winkel und verschwiegene Badeplätze. Auch Wanderer finden rund um die Cala Galdana ein herrliches Terrain.

Sport & Strände

Auf sehr schönen Waldpfaden erreicht man die Naturstrände **Cala Macarella** (C 5, ca. 40 Min.) im Westen und **Cala Mitjana** (D 5, ca. 30 Min.) sowie **Cala Trebalúger** (D 5,ca. 60 Min.) im Osten.

Tauchen

Blue Islands Diving: am Strand neben dem Hotel Gavilanes, Tel. 629 73 48 73, www.blueislandsdiving.com. Tauchschule mit zahlreichen Kursen, zwei Ausfahrten täglich zu den herrlichen Tauchgründen im Inselsüden. Auf der Webseite des Tauchclubs findet man interessante Schnäppchen-Angebote, darunter Tauchwochen mit Ausfahrten und Unterbringung inklusive.

Wandern

Begleitete Wander- und Schluchtentouren organisiert **Audax Sports & Nature,** Tel. 971 15 46 46).

Wassersport

Vor dem **Hotel Gavilanes** gibt es vom Windsurfing über Segeln, Wasserski, Bootsverleih bis zu Yachten mit Skipper alle Wassersportmöglichkeiten.
Freizeitkomplex: Wasserrutschbahnen und Minigolf liegen neben der Autobrücke auf der Westseite des Wildbaches.

Reitschulen und Reitershows

An der Landstraße nach Ferreries bieten zwei Dressurschulen regelmäßig Pferdeschauspiele an:
Club Escola Menorquina: Crta. Cala Galdana km 0,5, Tel. 971 15 50 59, www.showmenorca.com, Juni–Sept. Mi, So 20.30–22 Uhr.

Highlight 4

Son Martorellet: Crta. Cala Galdana km 1,7, Tel. 639 15 68 51,

www.sonmartorellet.com,
Mai–Okt. Di, Do 20.30–22 Uhr.
Auf dem Reiterhof von Sabin leben etwa 30 reinrassige, pechschwarze Menorquiner-Pferde, darunter die schönste Stute der Insel. Die Tiere können auf der Koppel und in ihren Boxen bewundert werden. Bei dem jeden Di und Do abend stattfindenden Schauspiel zeigen Reiter und Vollblüter ihr Können. Die Vorführung kann sich mit der hohen Kunst der Spanischen Reitschule messen und ist für Kinder und Erwachsene ein Erlebnis.

Sol Gavilanes: Tel. 971 15 45 45,
Fax 971 15 45 46,
sol.gavilanes@solmelia.com,
DZ 98–270 €.
Das erst vor wenigen Jahren vollkommen renovierte Vier-Sterne-Hotel mit 357 Zimmern befindet sich direkt am Sandstrand, alle Zimmer mit Terrasse, die meisten mit Blick aufs Meer. Speisesaal mit Büfett oder à la carte sowie schöne Caféterrasse im oberen Stockwerk.

Hotel Audax:
Tel. 971 35 22 02,
Fax 971 15 46 47,
audax@rtmhotels.com,
www.rtmhotels.com, DZ 90–220 €.
Gepflegtes Vier-Sterne-Hotel mit 244 Zimmern, ideal für Paare. Einige Zimmer mit eigener Whirlpool-Wanne. Schöner Pool, Fitnesscenter, Tennisplätze, Sportprogramm ›Audax Sports & Nature‹ mit Wandertouren, Mountainbiking.

Agroturisme Son Triay Nou: Crta. Cala Galdana, auf der Landstraße Richtung Ferreries nach ca. 5 km links abbiegen (Einfahrt gegenüber der Gärtnerei Truvy), Tel. 971 15 50 78, im Winter Tel. 971 36 04 46,
www. sontriay. com, DZ 90–110 €.
Stolzer Gutshof mit Hauskapelle, 4 Gästezimmern sowie kleinem Gartenhäuschen; Kochgelegenheit und gemütliche Aufenthaltsräume mit Kamin, Pool, Garten und Tennisplatz. Ausflüge und Wandermöglichkeiten, besonders in die Schluchten des Inselsüdens.

Camping Sa Talaia: Crta. Cala Galdana, km 4,
Tel./Fax 971 37 42 32,
www.campingsatalaia.com
1. April–30. Sept.,
Zelt 7 €, pro Pers. 6,90 €, Auto 2,85 €.
3 km vom Strand unter schattigen Bäumen gelegener Campingplatz, ca. 100 Stellplätze, Bar, Restaurant und Pool.

S'Escopinya: Complejo Binisaïd, tgl. 9–23 Uhr.
Der beste Platz für Leckermäuler, von morgens früh bis abends spät Kuchen und Torten aus eigener Konditorei, auch belegte Brote und kleine Gerichte zwischen 4 und 10 €.

Es Barranc: Passeig des Riu,
Tel. 971 15 46 43,
tgl. 12.30–15.30, 18–23 Uhr.
Der einzige Fischer von Cala Galdana fährt für Eduardo aufs Meer, Fisch auf menorquinische Art ist deshalb Spezialität des Hauses. Köstlich ist auch die Lammschulter *(Xot)* für 16 €, und die Langustensuppe ist preiswerter als woanders.

El Mirador:
Tel. 971 15 45 03,
tgl. 12.30–23 Uhr.
Das auf der Halbinsel zwischen Flussmündung und Meer gelegene Lokal ist vor allem aufgrund der schönen Lage zu empfehlen – das Essen ist dabei fast Nebensache. Die Karte bietet vorwiegend Fischgerichte wie gegrillten Lachs (14 €) oder Seeteufel mit Muschelsauce (24 €).

Bus: 4 x tgl. nach Ciutadella, stdl. nach Ferreries, von dort Anschluss nach Maó.

Ziele in der Umgebung

Vom Ortseingang erreicht man den Aussichtspunkt **Mirador des Sa Punta (D 5),** der einen herrlichen Panoramablick über die gesamte Bucht und einen Blick auf das offene Meer ermöglicht. Der **Mirador des Ríu (D 5)** bietet einen Ausblick auf den Wildbach und die Schlucht des Barranc d'Algendar.

Cala Morell (B 2)

In der nördlich von Ciutadella gelegenen Bucht kontrastieren bizarre rötliche Felsformationen mit tiefblauem Meer und schneeweißen, harmonisch in die Landschaft eingepassten Ferienhäusern. Im oberen Teil der Bucht liegen die Coves de Cala Morell, ein verzweigtes Höhlensystem, in dem die Ureinwohner einst die Gebeine ihrer Angehörigen bestatteten. Am Meer findet man einen kleinen Sandplatz und Steinplatten, die rund um die Bucht führen.

Sehenswert

Sa Torre d'en Quart (B 3): Im Hinterland erhebt sich der von Feigenkakteen (Opuntien) umgebene Wachtturm, der Teil eines Bauernhauses ist und dessen Ursprünge bis auf das 14. Jh. zurückgehen. Er ist ein typisches Beispiel für die menorquinischen Wehrhöfe, in denen die Landbevölkerung bei Piratenangriffen Schutz suchte.

Sport & Strände

Cala d'Algaiarens (C 2): Östlich von Cala Morell (auf einer gesonderten ausgeschilderten Abzweigung zu erreichen) erstrecken sich in Privatgebiet die herrlichen Naturstrände von Algaiarens.

Reiten: Caballes Son Angel,
Camí d'Algaiarens,
Tel. 609 83 39 02.
Auf dem 200 ha großen Landgut kann man Pferde und Ponys ausleihen, Reitkurse belegen und Ausflüge durch den Wald unternehmen.

Da strahlen die Kleinen: Badespaß in der Cala Galdana

Agroturisme Biniatram: Crta. Cala Morell, auf der Landstraße Richtung Ciutadella nach 1 km auf der linken Seite abzweigen, Tel. 971 38 31 13, Fax 971 48 28 27, www.biniatram.com, DZ 55–110 €.
Altes Landgut mit eigener Kapelle, rustikal eingerichtete Zimmer und Apartments, schöner Pool, Garten und Tennisplatz.

Troglodita's: Tel. 669 19 75 24, tgl. 13–16, 19–23 Uhr.
Uriges, in einer Felshöhle oberhalb der Bucht eingerichtetes Lokal. Reisgerichte und Fischtöpfe ab 12 €.

Cales Coves (G 7)

Die beiden Meeresarme im Süden der Insel sind von hohen Steilküsten umgeben. Im Sommer dienen sie als beliebte Ankerplätze für kleine Boote und stolze Yachten. An den umliegenden Felswänden öffnen sich rund 100 künstliche, in den Stein geschlagene Höhlen, die zwischen 800 und 350 v. Chr. von den Ureinwohnern als Begräbnisstätten benutzt wurden. Zudem wickelten die Karthager und später auch die Römer über diesen Landeplatz ihren Handelsaustausch ab. In der Cova de la Sala fand man römische Inschriften aus dem 2. Jh. n. Chr. und auf dem Meeresgrund unzählige Amphorenreste.

In den 1970er Jahren begannen junge Leute die Begräbnishöhlen als kostenloses Sommerdomizil zu benutzen, auch einige feste Bewohner machten die Höhlenbucht zu ihrer Heimat. Die Zahl der Höhlenbewohner wuchs stetig an, Unrat türmte sich am Strand. Die Inselregierung beschloss schließlich, die unliebsamen Besetzer auszuweisen, die Höhlen zu säubern und Gitter anzubringen, um die ehemalige Nekropolis als historische Sehenswürdigkeit einer breiteren Öffentlichkeit zugänglich zu machen. Seit 2003 sind einige Höhlen wieder für Besucher geöffnet.

Der weiße Leuchtturm am Cap de Cavalleria markiert den nördlichsten Punkt der Insel

Sport & Strände

Der winzige Sandstrand ist meist von Seegras bedeckt. An der Felsküste rund um die beiden Meeresarme von Cales Coves gibt es felsige Badeplätze.

Can Bernat: Carretera Calan Porter km 8, Tel. 971 37 72 94, Mi–Mo 12.30–15.30, 19–23 Uhr.
In einem schönen Garten werden saftige Steaks vom Holzkohlengrill serviert.

Cap de Cavalleria (F 1)

Weit schiebt sich im Norden Menorcas die Landspitze des Cap de Cavalleria (s. Tour 3, S. 113) ins Meer hinein. Hoch oben auf der Klippe erhebt sich der weiße Leuchtturm. Fast senkrecht fallen die Felsen mehr als 90 m tief zur tosenden Brandung hin ab. Das Kap ist die nördlichste Spitze Menorcas und der gesamten Inselgruppe der Balearen. An windigen Tagen ist dies ein Logenplatz, um das aufgepeitschte Meer mit seinen weiß gischtenden Schaumkronen zu betrachten. Im Hinterland finden wilde Ziegen und Wanderer ein herrliches Terrain und immer wieder Ausblicke auf vorgelagerte Felsinseln und die abwechslungsreiche Küstenlandschaft des Inselnordens.

Sehenswert

Ecomuseu de Cap de Cavalleria: Landgut Santa Teresa, Tel. 971 35 99 99, www.ecomuseodecavalleria.com, April–Juni und Okt. tgl. 10–19 Uhr, Juli/Aug. und Sept. tgl. 10–20.30 Uhr. Das im Jahr 1997 eröffnete Ökomuseum (s. Tour 3, S. 113) bietet eine permanente Ausstellung über die ersten Bewohner Menorcas, von den Talaiot-Menschen bis zur römischen Besiedlung der Insel. Das Museum ist in den Gebäuden des ehemaligen Landguts Santa Teresa eingerichtet und verfügt nicht nur über einen kleinen Laden, in dem u. a. viele interessante Bücher über die Insel verkauft werden, sondern auch über ein nettes Café. In der Nähe kann man römische Ruinen besichtigen.

Sport & Strände

Kurz vor Erreichen des Landguts von Santa Teresa sieht man links einen Parkplatz. Von dort führt ein Pfad über den Hügel und dann eine Holztreppe hinunter zu den schönen Naturstränden **Platges de Cavalleria.**

Ziele in der Umgebung

Far de Cavalleria (F 1): Die asphaltierte Landstraße zieht sich vom Museum erst schnurgerade, dann in mehreren Windungen bis zum Ende der Landspitze des Kaps hinauf und endet vor dem Leuchtturm. Die Wanderung vom Museum bis dorthin dauert knapp 1 Std. Unterwegs passiert man die **Cala Viola (F 2)** und trifft auf zahlreiche frei laufende Ziegen und Zicklein, die Wanderern gerne ein Stückchen Brot aus der Hand fressen und selbst vor Autos keine große Scheu kennen.

Cap de Favàritx (J 3)

Nachtblau ist das Meer und pechschwarz die Schieferlandschaft rund um

Moderne Wegelagerei: Ohne ein Häppchen geht's nicht weiter

den gischtbesprühten Leuchtturm auf dem Cap de Favàritx. Einsam steht er auf dem Nordostkap und warnt die vorbeifahrenden Schiffe vor den gefährlichen Felsen der zerklüfteten Küste.

Die Gegend rund um das Kap ist erdgeschichtlich der älteste Inselteil – ein Erlebnis für Geologen und Botaniker. Aber auch andere Naturfreunde werden die bizarre Landschaft und die widerstandsfähige Flora, die in windgeschützten Erdmulden dem rauen Klima trotzt, faszinieren.

Sport & Strände

Hüllenlose Schwimmer finden an den nahen Stränden **Cala Presili (J 4)** und **Cala Morella Nou (J 4),** die man ausschließlich zu Fuß erreichen kann, ihr Refugium.

Highlight 5

Ciutadella (A/B 3)

Am Cap de Ponent, ganz im Westen der Insel, liegt die zweitwichtigste Stadt Menorcas (ca. 28 000 Einw.). Aufgrund ihres harmonischen Stadtbildes gilt Ciutadella als eine der schönsten Städte Spaniens. Bereits die Phönizier sollen an dieser Stelle eine Handelsniederlassung unterhalten haben. Die römische Siedlung Iamo ist dokumentarisch belegt, und die Mauren, die den Ort Medina Minurka nannten, regierten dort mehr als 300 Jahre, bis sie von den Katalanen unter König Alfons III. abgelöst wurden.

Nachdem die Briten im 18. Jh. die Hauptstadt auf die Ostseite verlegt hatten, versank Ciutadella in die Bedeutungslosigkeit und konnte sich erst Mitte des 19. Jh. durch die aufblühende Schuhindustrie wirtschaftlich erholen. Heute verdienen die meisten Einwohner ihren Lebensunterhalt im Dienstleistungsgewerbe. Rund um Ciutadella stehen über 50 % aller Fremdenbetten.

Im Zentrum der Stadt finden Spaziergänger Historisches aus vielen Jahrhunderten: Kirchen, Klöster und die Kathedrale, prachtvolle Paläste mit zauberhaften Innenhöfen, dämmrige Gassen, durchbrochen von mediterraner Lichtfülle. Ein Stadtbummel ist besonders schön, wenn die letzten Sonnenstrahlen die Paläste in weiches Abendlicht hüllen.

Sehenswert

Plaça des Born: Auf dem mittelalterlichen Turnier- und heutigen Rathausplatz erhebt sich ein Obelisk, der an den schrecklichen Piratenüberfall von 1558 erinnert. Rund um den Platz stehen das 1875 eingeweihte Stadttheater, die zinnenbekrönte Stadtverwaltung mit dem gotischen Sitzungssaal sowie die Adels-paläste der Familien Torre Saura, Salort und Vivó aus dem 18. und 19. Jh. Hinter dem Rathaus bietet die Bastió des Governador, ein Rest der alten Stadtbefestigung aus dem 17. Jh., einen Blick bis zur Hafenmündung. Die Kirche Sant Francesc war einst Teil eines Klosters, auf dessen Grundmauern sich heute das aus Kalksteinen erbaute Postamt erhebt.

Catedral: Das prachtvolle Gotteshaus wurde 1287 auf den Grundmauern der arabischen Moschee begonnen. Der heutige Glockenturm entstand auf dem Fundament des arabischen Minaretts. 1382 war die im Stil der katalanischen Gotik gestaltete Kirche fertig. Bei dem türkischen Überfall 1558 wurden jedoch große Teile des Gebäudes zerstört, und als Spätfolgen der im Innenraum verursachten Feuersbrunst stürzten 1626 mehrere Gewölbe über dem Altar

Kaffeepause in der Molí des Comte

Am Palmenplatz stand bis Ende des 19. Jh. das Stadttor. Gegenüber erhebt sich die Windmühle des Grafen (Molí des Comte), in der ein Café eingerichtet ist. Im Sommer stehen Tische und Stühle vor der Tür. Dort sitzen die Einheimischen und beobachten das Treiben am Eingang der Stadt. Im benachbarten Getreidespeicher hat sich die Bar Si véns Cafè etabliert, in der sporadisch Veranstaltungen mit Live-Musik stattfinden.

ein. Die Restaurierungsarbeiten dauerten mehrere Jahrhunderte.

Betritt man die Kirche durch das 1813 vorgebaute Hauptportal, steht man dem Marmoraltar direkt gegenüber. Beachtenswert sind das Chorgestühl, der Bischofsstuhl, die Allerheiligenkapelle links neben dem Altar und das nach Süden ausgerichtete Portal de sa Llum (›Portal des Lichtes‹). Nach den umfangreichen Säuberungsarbeiten der Kirchenwände sowie der Restaurierung der Kirchenfenster erstrahlt das Gotteshaus jetzt wieder in neuem Glanz.

Ca'l Bisbe: In der Kopfsteinpflastergasse Ca'l Bisbe trifft man manchmal auf den Bischof mit Soutane, der aus seinem Palast kommend zur Kathedrale hinüberhuscht. Der stille Innenhof des Bischofspalastes ist Mo–Fr vormittags für Besucher geöffnet.

Ses Voltes und Plaça des Be: Die Arkadengasse Ses Voltes zieht sich durch den mittleren Teil des Altstadtkerns. Unter ihren Rundbögen kann man bei Hitze oder Regen in aller Ruhe spazieren gehen. Auf halbem Wege trifft man auf die Plaça des Be, wo die Statue eines aus Bronze gegossenen Hammels an das Johannisfest erinnert.

Molí des Comte: s. Tipp.

Església del Sant Crist: Die in der gleichnamigen Straße gelegene Kirche aus dem Jahr 1667, deren Portal mit steinernen Blumen und Engeln geschmückt ist, birgt eine außergewöhnliche Christusfigur, die 1661 auf wundersame Weise mehrmals Blut geschwitzt haben soll.

Església del Roser: Die Rosenkranzkirche besticht durch ihre schöne Barockfassade, der Kirchenraum dient der Stadtverwaltung als Ausstellungssaal.

Casa Museu Torrent: Sant Rafel 11, Tel. 626 55 81 26, Besuch nur nach Voranmeldung.

In vier Ausstellungsräumen des Herrschaftshauses Can Faustino werden rund 50 Werke des aus Ciutadella stammenden Malers Josep Torrent (1904–1990) gezeigt.

Castell de Sant Nicolau: Plaça Almirall Farragut, Mo–Sa 10–13 und 17–21 Uhr.

Der achteckige Turm aus dem Jahr 1687 bewacht die Hafeneinfahrt. Das von den Spaniern gebaute Kastell wurde vor einigen Jahren restauriert und dient seitdem der Stadtverwaltung für Ausstellungen.

Museu Municipal:
Bastió de Sa Font,
Di–Sa 10–14 Uhr.

Archäologisches Stadtmuseum mit Fundstücken aus der menorquinischen Vorgeschichte sowie aus römischer und arabischer Zeit (s. Tour 1, S. 108). Ein Umzug in den Palau Saura ist geplant.

Museu Diocesà: Carrer del Seminari 9, Mo–Sa 10.30–14 Uhr.

Das im Priesterseminar eingerichtete Diözesanmuseum hat einen wunderschönen stillen Orangenhof, um den sich verschiedene Ausstellungssäle gruppieren. Die permanente Sammlung umfasst Fundstücke aus der Vor- und Frühgeschichte, der römischen Kolonisierung und der frühchristlichen Epoche, liturgische Gegenstände und religiöse Goldschmiedekunst. In einem Saal sind die Werke des menorquinischen Malers Pere Daura (1896–1976) ausgestellt.

Teil des Klosters ist die **Església dels Socors** (Mariahilf-Kirche) mit der großen Orgel und der neu gestalteten Fassade. Wenn die Kathedrale wegen Restaurierungsarbeiten geschlossen ist, finden dort in der Sommersaison Di, Mi u. Do um 11.30 Uhr halbstündige Orgelkonzerte statt.

Palau Salort: Carrer Major des Born, seit Sommer 2007 auf unbestimmte Zeit geschlossen.
Adelspalast der Familie Salort mit Kaminzimmer, Ball- und Spiegelsaal, großer Küche, Schlafgemächern und blumengeschmücktem Innenhof. Möbel, Porzellan, Gemälde und etwas angestaubte Tapisserien.

Sala de Cultura Sa Nostra: Carrer de Santa Clara 9, Mo–Fr 10–12, 18.30–20.30, Sa 10–12 Uhr.
In der liebevoll restaurierten Kirche Sant Josep organisiert die Kulturabteilung der Sparkasse Sa Nostra Ausstellungen, Vorträge und Diavorführungen.

Sport & Strände

Die am südlichen Stadtrand gelegene **Platja Gran** ist beliebter Badeplatz der Einheimischen. Idyllisch ist auch die **Platja de Sa Farola** beim Leuchtturm auf der Nordseite des Hafens. Weitere Strände erreicht man mit dem Bus ab Plaça dels Pins.

Bootsausflüge

Jeden Vormittag verlassen verschiedene Ausflugsboote den Hafen zu ganztägigen Fahrten. Abfahrt vor dem Restaurant Sa Figuera tgl. um 10 Uhr. Die

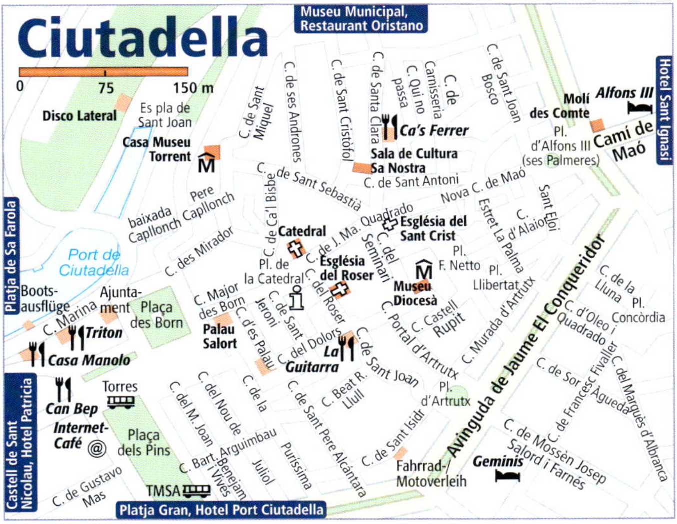

Küstenfahrten schließen ein Paella-Essen und zwei Badeaufenthalte an der Südküste ein. Die Schiffe kehren etwa gegen 17 Uhr zurück. Im Hochsommer ist eine Voranmeldung sehr empfehlenswert.

Bootsverleih, Wassersport und Tauchen

Sport Massanet: Am Hafen, Marina 78, Tel. 971 48 21 86, www.menorcaboats.com. Bootsverleih und Tauchschule, Tauchausflüge und -ausrüstung, Boote und Yachten mit und ohne Skipper.

Einkaufen

Märkte: In der kleinen **Fischmarkthalle** aus dem Jahr 1895 an der Plaça de Llibertat ist fangfrisches Meeresgetier im Angebot, unter den umliegenden Arkaden haben **Gemüsehändler** ihre Stände aufgebaut, und die **Fleischer** bieten ihre Waren in den blitzblanken gekachelten Läden feil.
Wochenmarkt: Jeden Fr und Sa 9–13.30 Uhr auf der Plaça des Born.

Kunsthandwerksmarkt: Juni–Sept. jeden Abend an der Hafentreppe.
Idó: Carrer del Santíssim 5. Traumhaft schöne, sündhaft teure Kleider, origineller Schmuck von bekannten Designern.
Miramelindo: Sa Muradeta 14. Fröhliche Sommer- und Strandkleidung, Tücher und Accessoires.
Patricia: Carrer del Seminari 40. Sportliche Markenschuhe und schicke Lederjacken aus eigener Herstellung.

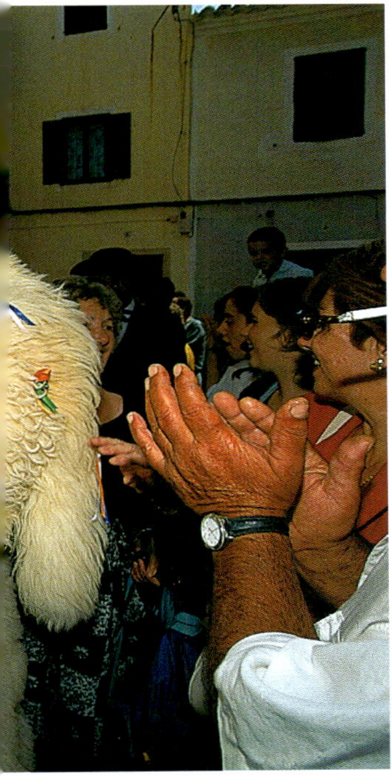

Beim Johannisfest, der Festa de Sant Joan, pflegt man in Ciutadella ungewöhnliche Sitten: hier der Schafsträger, der das Fest eröffnet

Safir: Carrer des Seminari 38. Atelier für kunstvolles Geschmeide aus Gold und Silber.

Ausgehen

Pla de Sant Joan: Am Hafenbecken, das im Sommer die Partymeile von Ciutadella bildet. Dazu gehören **Café Gabanna** (gestyltes Interieur, kühle Drinks, heiße Musik), **Jazzbah** (Musikbar mit sporadischen Jazz-Live-Auftritten) und **Splash** (Disco mit Terrasse unter freiem Himmel, oft git es hier Live-Auftritte und Themenpartys). All diese Lokale öffnen nicht vor 23 Uhr, Stimmung kommt erst nach Mitternacht auf.

Sa Fideuera: Carrer Castell Rupit 24, Mo–Sa 11–14, 18–24 Uhr. Hübsches Lokal mit Delikatessen (Käse, Wurst, getrocknete Tomaten, Olivencreme) aus dem Norden Spaniens und ausgesuchten Weinen aus kleinen Bodegas der Iberischen Halbinsel. Alle Waren zum Direktverzehr und zum Mitnehmen. Ideal für ein Glas Wein oder einen kleinen Imbiss nach dem Stadtbummel oder vor dem abendlichen Konzertbesuch.

Can Bep: s. Tipp, S. 64.

Internet-Café

Café Internet: Plaça des Pins 37, Tel. 971 38 42 15, Mo–Sa 9–24, So 15–24 Uhr. Café-Bar mit großer Internet-Workstation, zentral gelegen. Mit 18 PCs, Scanner, Drucker und Barservice.

Feste & Unterhaltung

Festa de Sant Joan: Johannisfest um den 23./24. Juni, s. S. 18.

Festival Música d'Estiu (Sommerfestival): Die Top-Adresse für klassische Sommerkonzerte ist die Kirche des Priesterseminars, im Juli und Aug. (meist Mo abends) treten dort hochkarätige Künstler und weltbekannte Orchester auf. Ticketverkauf: 2 Std. vor dem Konzert im Priesterseminar oder im Voraus bei Foto Born in der gleichen Straße schräg gegenüber.

Oficina de Turisme: Plaça de la Catedral, 07760 Ciutadella, Tel. 971 38 26 93, Fax 971 38 26 67, infomenorcaciutadella@cime.es, Mo–So 8.30–20.30 Uhr.

Alfons III: Camí de Maó 53, Tel. 971 38 01 50,

Fax 971 48 15 29,
www.hotelalfons.com,
DZ 42–82 €.
Kleines Ein-Stern-Hotel mit Café, Zimmer mit TV, Heizung, Telefon; die ruhigsten nach hinten.

Geminis: Josepa Rossinyol 4,
Tel. 971 38 46 44, Fax 971 38 36 83,
www.hotelgeminismenorca.com,
DZ 50–90 €.
Zentral und ruhig gelegenes Hotel mit 30 Zimmern, freundliche Besitzer, familiäres Ambiente, Pool, Sonnenterrasse.

Patricia: Passeig Sant Nicolás 90,
Tel. 971 38 55 11, Fax 971 48 11 20,
hotel@hesperia-patricia.com,
DZ 54–165 €.
Angenehmes Stadt- und Businesshotel in ruhiger Allee oberhalb des Hafens. 44 Zimmer, 4 Junior-Suiten mit Terrasse, Klimaanlage, Heizung, Satelliten-TV, Minibar, Safe. Bar-Café, Konferenzräume, Pool im Innenhof.

Can Bep: ein Gaumenschmaus

In der schattigen Allee, die parallel zum langgestreckten Hafen verläuft, eröffnete vor einigen Jahren ein Restaurant, das in einem gepflegten Stadthaus aus dem Jahre 1935 untergebracht ist. Die sorgfältig restaurierten Räumlichkeiten rund um den gekachelten Innenhof und die feine Saisonküche sind ein wahrer Augen- und Gaumenschmaus.
Gehobene Kategorie, Mittagsmenü zu moderatem Preis.
Passeig Sant Nicolau, 4,
Tel. 971 48 78 15,
www.canbep.com,
Mo–Sa 13–16, 19–23.30 Uhr.

Port Ciutadella: Passeig Maritim 36,
Tel. 971 48 25 20,
Fax 971 38 04 19,
portciutadella@sethotels.com,
www.sethotels.com,
DZ 80–200 €.
Brandneues 4-Sterne-Hotel am Stadtrand, mit Spa und Beauty Center, nur 100 m vom Strand Platja Gran.

Sant Ignasi: Crta. Cala Morell,
Tel. 971 38 55 75, Fax 971 48 05 37,
www.santignasi.com,
DZ 126–252 €.
Am Stadtrand gelegenes traumhaftes Landhotel der Luxusklasse mit stilvoll eingerichteten Zimmern, wunderschönem Garten und Gourmetrestaurant.

Oristano: Avinguda Francesc de B. Moll 1b,
Tel. 971 38 41 97, tgl. 19–24 Uhr.
Rostrotes Haus mit hübschen Speisesälen und Terrasse. Ofenfrische Pizza und Pasta ab 5,90 € sowie menorquinische Spezialitäten.

Triton: Port de Ciutadella,
Tel. 971 38 00 02,
tgl. 8–24 Uhr.
Starker Kaffee, kühle Drinks und leckere Tapas zu anständigen Preisen. Tapas und Fischrationen (mittelgroße Portionen) ab 8,10 €, Hauptgerichte ab 11 €. Viele Einheimische, im Hochsommer immer brechend voll.

La Guitarra: Carrer Dolors 1,
Tel. 971 38 13 55,
Mo–Sa 13–15.30, 19–23.30 Uhr.
Gemütliches Kellergewölbe, in dem auch die Angestellten der Stadtverwaltung gerne Ente *(Pato)* nach Art des Hauses, Auberginenauflauf *(Tumbet)* oder auch *Arròs brut* (Reistopf, 11,50 €) essen.

Ca's Ferrer: Carrer Portal de sa Font 16, Tel. 971 48 07 84,
Di–Sa 13–15.30, 19.30–23.30 Uhr,

im Hochsommer nur abends.
Hübsche Speiseräume und idyllischer Innenhof, eingerichtet in einer alten Schmiede aus dem Jahr 1756. Einfallsreiche Küche, aufmerksame Bedienung. Mittagsmenü für 16 €, à la carte sehr viel teurer.

Casa Manolo: Marina 117–121, Tel. 971 38 00 03, tgl. 13–15.30, 19–23.30 Uhr.
Unter den weißen Blüten der Kapernsträucher, die von der alten Hafenmauer malerisch herunterwuchern, speist man beste Meeresspezialitäten (Venusmuscheln in Knoblauchsauce 18 €, Langustentopf 65–70 €) mit Blick auf die Luxusyachten, die dicht gedrängt am Kai liegen.

Bus: Abfahrt der **TMSA-Busse** Plaça dels Pins, 6–20 x tgl. nach Maó. Abfahrt der **Torres-Busse** Plaça dels Pins: alle 30–60 Min. nach Sa Caleta, Santandria, Cala Blanca und Cala en Bosc im Süden sowie Cala en Blanes, Cala en Forcat, Los Delfines, Cales Piques im Norden.

Fährverbindungen nach Mallorca: Iscomar (Tel. 902 119 128) fährt 2 x tgl. nach Port d'Alcúdia (mit Pkw-Beförderung), Dauer: 2–3 Std. Baleària (Tel. 902 160 180) verkehrt 1 x tgl. zwischen Alcúdia und Ciutadella mit dem Schnellschiff »Ramón Llull« (Dauer: etwa 1 Std.).

Taxi: Taxistand an der Plaça dels Pins, Taxi-Ruf: Tel. 971 48 22 22.

Fahrrad- und Motorradverleih: Velos Joan, Carrer Sant Isidre 28–34, Tel. 971 38 15 76.
Fahrräder und Mountainbikes, Mopeds und Motorräder. Günstige Preise.

Ziele in der Umgebung

Pedreres de s'Hostal (B 3): Freilichtmuseum, s. Tipp.

Ein Steinbruch als Freilichtmuseum

Durch die 1994 ins Leben gerufene Vereinigung Líthica wurde der alte Steinbruch Pedreres de s'Hostal am Stadtrand von Ciutadella zu einem Freilichtmuseum umgestaltet: Schwindel erregend steile und enge Treppchen führen in die Brüche hinab, wo der Stein Lage für Lage herausgesägt worden ist. Besonders für Kinder eine spannende Entdeckungstour!
In diesem schönen Rahmen finden Kinoabende, Konzerte und Feste (z. B. romantische Mondscheinpartys) statt.
Pedreres de s'Hostal (B 3): Camí Vell km 1, Tel. 971 48 15 78, www.lithica.es, Mo–Sa 9.30 bis Sonnenuntergang, So 9.30–14.30, Juli/Aug. Mo–Sa 9.30–14.30, 16.30 bis Sonnenuntergang, So 9.30–14.30 Uhr.

Naveta des Tudons (B 3): 3 km vor den Toren der Stadt liegt die prähistorische Begräbnisstätte, die die Form eines kieloben liegenden Schiffes aus Stein aufweist und zu den ältesten Bauwerken Spaniens gehört. Der späte Nachmittag ist auf jeden Fall die schönste Zeit für eine Besichtigung (s. Tour 1, S. 108).

Sant Joan de Missa (B 4): Kleine weiße Einsiedelei, südlich von Ciutadella auf dem Weg zu den Naturstränden **Cala en Turqueta (C 5)** und **Cala Macarella (C 5).** Während der Johanniswoche ist die weiß gekalkte Landkirche Ziel einer Reiterprozession.

In der Fischerbucht Cales Fonts in Es Castell treffen sich am Abend die Nachtschwärmer

Es Canutells (G 7)

Bevor die weitläufige Hotel- und Apartmentanlage Mar de Menorca im oberen Teil der Küstensiedlung gebaut wurde, war Es Canutells ein abgeschiedener Platz der Einheimischen, die noch immer den Sommer in ihren Bootshäusern verbringen.

Einige Stufen führen hinunter an die von hohen Felsen umschlossene Sandbucht, wo Fischkutter ankern, kleine Boote auf dem Sand liegen und Enten im Schilf schnattern.

Canutells: Platja Canutells s/n,
Tel. 971 18 89 34,
tgl. 12.30–15.30, 18–23 Uhr.
Auf der Terrasse oberhalb des Strandes lässt es sich gut aushalten, besonders, wenn Wirt Pedro kühles Bier und Leckereien wie z.B. gegrillte Sardinen (für 9 €) auftischt.

Ziele in der Umgebung

Caparot de Forma (G 7): In den Felsen, die unterhalb der schneeweißen Feriensiedlung Ses Tanques gelegen sind, verbergen sich prähistorische Wohnhöhlen.

Es Castell (J/K 6)

Die erste Siedlung entstand unter dem Namen s'Arraval Vella im Schatten des Castell de Sant Felip, der Festung, die seit dem 16. Jh. die Hafeneinfahrt von Maó schützte. Nachdem die Briten Anfang des 18. Jh. die Festung vergrößert hatten, musste die Stadt ihren Standort wechseln, nannte sich nun s'Arraval Nova und erstreckte sich vom heutigen Friedhof bis zu den Ufern des Hafens. Im Schutze der Häuser griffen die Franzosen 1756 die Festung an, weshalb der britische Gouverneur 1771 eine erneute Verlegung der Stadt befahl. Rund um die Buchten Cala Corp und Cales Fonts wurden rechtwinklige Straßenzüge angelegt, und im Mittelpunkt entstand der Exerzierplatz mit vier Militärkasernen. Die neue Garnisonsstadt nannte sich zu Ehren des britischen Königs Georgetown, die Spanier tauften sie später in Villacarlos um, und die Menorquiner sagen seit jeher schlicht und einfach Es Castell (›die Festung‹).

Auf allen Straßenschildern reitet der furchtlose Drachentöter St. Georg, Symbol der Stadt, die meisten Häuser haben noch heute englische Vertikalschiebefenster, und waschechte britische Pubs findet man an jeder Straßenecke. Traditionell eine Stadt der Seeleute und Zuwanderer, ist Es Castell (ca. 6900 Einw.) kein Schmuckstück, aber die urige Hafenbucht Cales Fonts mit ihren Fischerbooten, Bars und Restaurants lockt in lauen Sommernächten zahlreiche Gäste zum Mondschein-Dinner an die autofreie Promenade (s. Tour 2, S. 111).

Sehenswert

Nostra Senyora del Rosari: Die der Rosenkranzmutter geweihte Pfarrkirche wurde 1797 vollendet und 1990 restauriert. Das schlichte Portal führt in den von einem Tonnengewölbe bedeckten Kirchenraum. Sehenswert sind die Altaraufsätze und Heiligenfiguren der Seitenkapellen. Das Taufbecken stammt aus dem ehemaligen Castell de Sant Felip.

Museu Militar: Plaça s'Esplanada, Mo, Mi, Fr 10–13 und 1. So im Monat 11–13 Uhr.
Das in einer alten Kaserne untergebrachte Militärmuseum bietet eine umfangreiche Sammlung über die militärische Vergangenheit Menorcas. In 15 Sälen erfährt man Einzelheiten über die Stadtgeschichte, die Bedeutung des Hafens und über die Verteidigungsanlagen der Insel. Gezeigt werden Land- und Seepläne, Modelle von Schiffen, Festungen und Wachttürmen, Reproduktionen von historischen Gemälden, Fahnen, Kanonen und anderes Kriegsmaterial. Ein 10-minütiger Videofilm (auch in Deutsch) gibt einen Überblick über die Militärgeschichte der Insel.

Highlight 6

Fort Marlborough (K 7):
Tel. 902 92 90 15, Di–Sa 9.30–19, So/Mo 9.30–14.30 Uhr.
In der Cala Sant Esteve, knapp 3 km von Es Castell, bauten die Briten zwischen 1716 und 1726 das Fort Marlborough. Im Jahr 1782 wurde es von den Spaniern abgerissen und während der dritten englischen Herrschaft (1798–1802) nach den Plänen des Militärbaumeisters Robert d'Arcy neu aufgebaut. Heute birgt die halb unterirdische Anlage ein hypermodernes Museum mit Licht- und Soundshow. Etwa 45 Min. dauert die Reise in die Welt des 18. Jh., bei der weder Kanonendonner noch Karten spielende Soldaten fehlen.

Sport & Strände

Cala Pedrera (K 6): Nur 5–10 Min. von Es Castell, zwischen den neuen Siedlungen Santa Anna und Sol del Est, liegt die Cala Pedrera, der einzige öffentliche Sandstrand innerhalb des Hafens von Maó mit der netten Sunshine Bar (nur im Hochsommer geöffnet).

Einkaufen

In den ehemaligen Fischerhöhlen von **Cales Fonts** öffnen im Sommer schicke Boutiquen mit Kunst, Modeschmuck und ausgefallenen Klamotten.
El Pino Cellars: Galerie-Atelier, Carrer de Sa Font 25,www.poppylady.com.
Im Ausstellungssaal der britischen Künstlerin findet man Originale, Drucke und Postkarten. Die Galerie liegt ganz in der Nähe der Hafenbucht Cales Fonts.

Ausgehen

Es Cau: In Cala Corb, tgl. ab 23 Uhr. Barbesitzer Gabriel singt gerne romantische Lieder, jeden Abend, 365 Tage im Jahr. Seine Stammgäste sind fast täglich dabei, Mitsingen ist hier ausdrücklich erwünscht, erst dann kommt richtig Stimmung in die alte Fischerhöhle.
Manzana: Sant Ignasi 11.
Wein- und Tapabar im Kellergewölbe, nur freitags und samstags ab 19 Uhr.

Feste & Unterhaltung

Festa de Sant Jaume: Patronatsfeiern mit Jahrmarkt, Pferden und Feuerwerk am 24./25. Juli.

Hostal Horizonte: Plaça Horizonte, Son Vilar (Es Castell), Tel. 971 36 29 22, www.hostal-horizonte.com, DZ 40–60 €.
Ruhig gelegene Ein-Stern-Pension mit rot gestrichener Fassade, einfache Zimmer, Café. 15 Min. Fußweg nach Maó oder Es Castell.
Agamenón: Carrer Agamenón 16, Tel. 971 36 21 50, Fax 971 36 21 54, agamenon@sethotels.com, www.sethotels.com, DZ 90–156 €.
Renoviertes Vier-Sterne-Hotel am westlichen Ortsrand. 75 Zimmer, alle mit kleiner Terrasse und Hafenblick, Direkttelefon, Safe, Minibar, Heizung und Klimaanlage, leider etwas hellhörig. Konferenzräume, Bar und Restaurant, Schwimmbad und Garten.

Miramar: Moll de Cales Fonts 15, Tel. 971 36 46 43, Di–So 12–15.30, 18.30–24 Uhr.
Ausgefallene Tapa-Spezialitäten (6–16 €) vom feinen Stockfischsalat *(Ensalada de bacalao)* bis zu köstlichen Baby-Tintenfischen in karamellisierter Zwiebeltunke *(Pulpitos con cebolla)*, dazu der beste Sonnenplatz der Bucht.
Can Delio: Moll de Cales Fonts 38, Tel. 971 35 17 11, Di–So 12.30–15.30, 18.30–24 Uhr.

Fischbratküche von Luïsa und Angel, freundliche Bedienung, schöner Ausblick, günstiges Tagesmenü (13 €), sonntags mit Paella als Vorspeise (15 €).
Bar España: Victori 48,
Tel. 971 36 32 99,
tgl. 12.30–15.30, 18.30–23 Uhr.
Das Mittagsmenü (13 €) lockt Bauarbeiter, Hausfrauen, Fischer und Fremde in den lebhaften Speisesaal, dessen Atmosphäre an ein Bahnhofsrestaurant erinnert. Auch abends zivile Preise.

Bus: Alle halbe Stunde nach Maó.

Es Grau (J 5)

Am Rande der malerischen Bucht, knapp 10 km von Maó entfernt, bauten die Hauptstädter zu Beginn des 20. Jh. ihre bescheidenen Sommerhäuschen. Viele der einfachen Feriendomizile sind noch in den Straßen s'Arribada und Pescadors zu sehen. Am Ortseingang führt eine Holzbrücke über den Kanal, der eine Verbindung zwischen Meer und Lagune bildet. Dahinter erstrecken sich die feinsandige Bucht, ein Dünengebiet mit Kiefernwäldchen und die Moorzone S'Albufera des Grau, die durch verschiedene Wanderwege erschlossen ist (Wanderungen s. Tour 5, S. 116).

Sport & Strände

Strände: Die Bucht mit feinsandigem, oft von Seegrasblättern bedecktem Strand, direkt bei der kleinen Küstensiedlung, ist auch bei menorquinischen Familien und Schulgruppen sehr beliebt. Wer einsame Badeplätze vorzieht, folgt dem Küstenweg Richtung Norden und findet nach ca. 20 Min. Wanderung kaum besuchte Miniaturstrände.
Bootsverleih: Lloguer Es Grau, am Hauptstrand, vom Kajak über Tretboote bis zur Segeljolle und zum kleinen Segelkatamaran. Verleih stundenweise möglich.

Bar Es Grau: Plaça de Mestre Jaume 13, tgl. 9.30–22 Uhr.

Dann fahren wir übers Meer: Kajaks am Strand von Es Grau

Gemütliche Kaffeebar am Ortseingang neben dem großen Parkplatz mit Tischen und Stühlen unter schattigen Tamarisken und nettem Interieur. Nur belegte Brote (ab 3 €), keine warmen Gerichte.

Bar Es Moll: Moll d'es Magatzems, tgl. 11–22 Uhr.
Ganz versteckt im hintersten Winkel der Küstensiedlung, dort, wo sich die Bootsgaragen der Einheimischen aneinander reihen und die Boote in der Cala Tap auf dem Kies liegen. Tapas und gegrillte Sardinen (8 €).

Tamarindos: Pas d'es Tamarells 14, Tel. 971 35 94 20, tgl. 12.30–15.30, 18.30–23 Uhr.
Ein Logenplatz direkt am Meer, dazu eine Paella nach Seemannsart *(Paella a la marinera)* oder Seezunge mit grüner Sauce *(Lenguado con salsa verde)* zum Preis von 14 €.

Bus: Nur im Hochsommer 3 x tgl. nach Maó.
Fahrradweg: ca. 10 km nach Maó.

Es Mercadal (F 4)

Am Fuße des höchsten Berges liegt diese im 14. Jh. gegründete Ortschaft, die sich rund um die Pfarrkirche Sant Martí gruppiert. Es Mercadal (ca. 4300 Einw.) ist noch heute eine bäuerliche Gemeinde, deren Einwohner recht zahlreich in der Landwirtschaft tätig sind. Das Ortsbild wird von weiß gekalkten ein- bis zweistöckigen Häusern mit grünen Türen und Fensterläden geprägt. Zahlreiche Spezialitätenrestaurants, kleine Boutiquen und viel dörfliche Atmosphäre machen einen Besuch lohnend. An der Landstraße erhebt sich die alte Getreidemühle, die als Wahrzeichen der Stadt gilt und in der heute ein rustikales Speiselokal eingerichtet ist.

Sehenswert

Sant Martí: Die blendend weiße Pfarrkirche mit dem blumengeschmückten Vorplatz steht auf dem Kirchhügel Sa Muntanyeta. Das Gotteshaus, dessen Ursprünge auf die vormals an dieser Stelle gebaute Kapelle San Narciso zurückgehen, ist nur zu den Gottesdiensten geöffnet (So 9.30, tgl. 20.30 Uhr).

Aljub: Die öffentliche Zisterne, die 1733 von dem britischen Gouverneur Richard Kane in Auftrag gegeben wurde, sollte die Wasserversorgung der Dorfbewohner und der englischen Truppen auf halber Strecke zwischen Maó und Ciutadella sicherstellen. Der Wasserspeicher mit seiner großen Terrasse, auf der das Regenwasser aufgefangen wird, hat ein Fassungsvermögen von 273 500 l.

Sa Farinera d'Aranjí: s. Tipp, S. 71.

Centre Artesanal de Menorca: Recinte Firal (Messegelände), Tel. 971 15 44 36, www.artesaniademenorca.com, Mo–Fr 10–14, 18–21, Sa 10–13.30 Uhr.
Neues Kunsthandwerkszentrum, in dem man mehr über die traditionellen Handwerksberufe der Insel erfahren und kunstvoll geschaffene Produkte bewundern und kaufen kann.

Einkaufen

Märkte: In den Monaten Juli/Aug., jeden Do ab 19.30 Uhr Kunsthandwerks- und Lebensmittelmarkt auf der Plaça Pare Camps mit Musikdarbietung einer Folkloregruppe.

Encants: Carrer Major 11.
Kleiner Laden mit hübschen Geschenkartikeln in der Fußgängergasse, die zum Rathaus führt.

Espai Biel Mercadal: Carrer d'Enmig 2.
Stardesigner Biel Mercadal offeriert T-Shirts, Fächer, Keramik und Schmuck aus eigener Produktion. In seiner Galerie (Carrer d'Enmig 12) findet man Antiquitäten und schöne Dekorationsartikel.
Madona: Carrer d'Enmig 30.
Bertas Boutique mit romantischen Kleidern und weißen Blusen ist in einem ehemaligen Kuhstall untergebracht.
Tabaco: Carrer d'Enmig 4.
Ein schönes Keramikbild mit dem Stadtwappen schmückt den Eingang zu diesem Tabakladen, der die größte Zigarrenauswahl der Insel besitzt.

Ausgehen

Bar Es Gurugú: Plaça del Pare Camps 13, tgl. 18–4 Uhr.
Postmodern eingerichtete Bar mit blauen Barhockern und großer Terrasse auf dem Platz; der Treffpunkt in lauen Sommernächten.

Internet-Café
Ca n'Internet: Avinguda Mestre Gari 48, Tel. 971 37 53 59.
Helles, klimatisiertes Lokal. Alle PCs funktionieren in deutscher Sprache. CD-Brenner, Farbdrucker. Der niederländische Besitzer gibt gerne Hilfestellung.

Feste & Unterhaltung

Feria del caballo de raza menorquina: Pferdemesse mit Vollblütern der menorquinischen Rasse am ersten Mai-Wochenende.
Festa de Sant Martí: Patronatsfeiern am dritten Wochenende im Juli.
Agroalimentaria Menorca: Kulinarische Messe Anfang April mit landwirtschaftlichen Produkten, Wein und Getränken aller Balearen-Inseln.

Kultur in der alten Mehlfabrik

Der beeindruckende Gebäudekomplex der alten Mehlfabrik Sa Farinera d'Aranjí, die von 1905 bis 1998 in Betrieb war, wurde 1999 restauriert und birgt heute ein Museum, in dem die alten Maschinen, Werkzeuge, Körbe, Säcke, Waagen und Gewichte ausgestellt sind (Di, Fr/Sa 9–14 Uhr). Daneben gibt es noch ein Einkaufszentrum mit Buch- und Weinhandlung und menorquinischen Kulinaria sowie ein empfehlenswertes Restaurant mit leckeren Inselspezialitäten.
Sa Farinera d'Aranjí: Es Mercadal, 1 km außerhalb Richtung Maó, Tel. 971 15 43 08/09.

Hostal Jeni: Mirada del Toro 81, Tel. 971 37 51 24, Fax 971 37 51 14, ww.hostaljeni.com, DZ 60–90 €.
Am Fuße des Monte Toro gelegenes Hotel mit familiärer Atmosphäre. 36 modernisierte Zimmer, Pool, Restaurant. Auch Apartmentvermittlung.
Hotel Es Mercadal: Carrer Nou 49, Tel. 971 15 44 39, Fax 971 15 42 60, www.hotelesmercadal.com, DZ 74–140 €.
Im Ortszentrum gelegenes Stadthaus, das 2007 zu einem kleinen Hotel mit 4 Zimmern, 2 Suiten und Gartenterrasse umgestaltet wurde.

Molí des Recó: An der Inselhauptstraße, Tel. 971 37 53 92, tgl. 12.30–15.30, 18.30–23.30 Uhr.
Rustikale Speisesäle in der alten Getreidemühle. Deftige Hausmannskost, viele Gemüsegerichte (gefüllte Zwie-

Ländliche Küche serviert in alter Mühle: Molí des Recó, Es Mercadal

beln, Auberginen oder Zucchini, menorquinische Tomatensuppe *Oliaigo* oder der kräftige Kohleintopf *Sopes mallorquines* für 7 €)

Can Aguedet: Lepant 23,
Tel. 971 37 53 91,
tgl. 13–15.30, 20–23.30 Uhr.
Familienbetrieb mit Schweinezucht und eigenem Weinberg. Traditionelle Menorca-Küche und viele Gerichte aus dem hausinternen Rezeptbuch: mit Krabben gefüllte Auberginen *(Albergínies amb gambes)* für 11 €, Kaninchengerichte oder butterweicher Spanferkelbraten *(Porcella)*.

Can Olga: Pont Na Macarrana,
Carrer des Sol, Tel. 971 37 54 59,
Hochsommer tgl. 19–23.30 Uhr,
Nebensaison wechselnde Ruhetage.
Unter einem Torbogen – den für Es Mercadal typischen Ponts – versteckt sich ein Lokal mit kleinen, weiß gekalkten Speisesälen und lauschigem Garten. Einfallsreiche Mittelmeerküche, stilvoll präsentiert. Immer im Angebot: sautierte kleine Saubohnen und glasierte Pilze mit Riesenkrabben *(Salteado de habitas & setas confitadas con langostinos)* für 15 €.

Bus: Avinguda del Mestre Garí, 6–18 x tgl. nach Maó und Ciutadella, 2 x tgl. nach Fornells.

Es Migjorn Gran (E 5)

Die auf einem Kalksteinplateau gelegene Ortschaft (ca. 1400 Einw.) ist von Hügeln, Schluchten und kleinen Gemüsegärten umgeben. Es handelt sich um die kleinste Gemeinde der Insel, die viel von ihrem beschaulichen Leben und bäuerlichen Gepräge bewahrt hat. Von der Inselhauptstraße erreicht man das Dorf auf wald- und kurvenreichen Landstraßen, die zu den schönsten Verkehrswegen der Insel zählen. Im Ortszentrum locken stille Gassen, die kleine Pfarrkirche, die englische Kunstgalerie, mehrere Einkehrmöglichkeiten und empfehlenswerte Restaurants. Darüber hinaus bieten sich in der Umgebung zahlreiche Spazier- und Wanderwege an.

Sehenswert

Església de Sant Cristofòl: Die Pfarrkirche wurde in der zweiten Hälfte des 18. Jh. gebaut und dem hl. Christopher geweiht. Seine Figur schmückt sowohl das schlichte Portal als auch den Kirchenraum in Form einer fast 2 m hohen Lindenholzfigur.

Einkaufen

Galeria Graham Byfield:
Sant Llorenç 12, Tel. 971 37 03 64, nur sporadisch geöffnet.
Wasserfarben sind die Spezialität des britischen Künstlers. In seiner Galerie, untergebracht in einer alten Bäckerei, kann man Originale, Prints und Postkarten kaufen.

»Dimarts as Migjorn«: Anfang Juli bis Anfang Sept. jeden Di ab 19.30 Uhr Kunsthandwerksmarkt.

Ca na Pilar: Crta. Migjorn– Mercadal 1, Tel. 971 37 02 12, Do–Di 13–15.30, 19–23.30 Uhr, Juli/Aug. tgl.
Bei Pilar werden exquisite Köstlichkeiten in stilvoll gestalteten Speisesälen oder im winzigen Garten unter der dicken Dattelpalme serviert. Kleine Speisekarte, auf der man einfallsreiche Vorspeisen, z. B. mit Knoblauchmayonnaise gratinierte Miesmuscheln (9,50 €) oder gefüllte Auberginen (8.50 €) findet. Spezialität sind außerdem frischer Fisch je nach Marktangebot und gegrillte Garnelen. Hausgemachte Nachspeisen von der Schokoladentorte bis zum Meloneneis. Tischreservierung empfehlenswert.

58 S'Engolidor: Major 3, Tel. 971 37 01 93, Di–So 19–23 Uhr.
Alteingesessenes Speiselokal mit gemütlichem Interieur und romantischem Garten über der Schlucht, menorquinische Gerichte, Vorspeisen 8 bis 12 €, Hauptgerichte zwischen 10 und 20 €. Unbedingt reservieren! Im Obergeschoss gibt es 4 Fremdenzimmer.

Bus: 4–6 x tgl. nach Maó und Ciutadella, 6–12 x tgl. nach Sant Tomàs.

Ziele in der Umgebung

Talaiot de Binicodrell (E 5): Nahe dem Friedhof, nur 5 Min. vom Zentrum. Talaiot, dessen Besonderheit die auf die Spitze führende Rampe ist.

Cova d'en Colom (E 5): Aufgrund ihrer Größe wird die in der Schlucht von Binigaus gelegene Höhle (hinter dem Friedhof, ca. 30 Min. Wanderweg) die ›Kathedrale‹ genannt.

Ferreries (E 4)

Die auf den ersten Blick wenig einladende Ortschaft (ca. 4500 Einw.) mit den modernen Wohnhäusern und dem Industriegebiet, in dem Möbel- und Schuhfabriken angesiedelt sind, bietet im Altstadtkern malerische Winkel, blumengeschmückte Gassen und Steige. An den grünen Hängen der Umgebung haben die Einwohner kunstvolle Terrassengärten angelegt, auf denen Obst und Gemüse gedeihen. Samstag ist der schönste Tag in Ferreries, wenn die Bauern der Umgebung auf dem Marktplatz Feldfrüchte, ofenfrisches Brot, hausgemachten Kuchen, Marmelade und menorquinischen Honig feilbieten.

Sehenswert

Sant Bartomeu: An der Plaça Jaume II. erhebt sich die 1770 vollendete

Pfarrkirche. Im Inneren sind besonders die Allerheiligenkapelle und der *Retaule de la Pau* (›Friedensretabel‹) sehenswert, eine beeindruckende Malerei, die an Ereignisse des spanischen Bürgerkriegs erinnert.

Centre de Natura:
Carrer Mallorca 2, Tel. 971 37 45 05,
Mai–Sept. Di–Fr 17.30–20.30,
Sa auch 10.30–13.30 Uhr,
Okt.–April Sa 10.30–13.30, 17.30–20.30, So 10.30–13.30 Uhr.
Die Wechselausstellungen des Naturmuseums werden jedes Jahr mehrmals erneuert und einem bestimmten Thema gewidmet. Sporadisch finden auch Vorträge und Verkostungen mit Produkten aus biologischem Anbau statt.

Einkaufen

Bauernmarkt: Jeden Sa vormittag mit kulinarischen Produkten und Kunsthandwerk auf der Plaça Espanya (s. Tour 4, S. 115). Juni–Sept. mit Aufführungen von Folkloregruppen (Musik und Tanz).

Maria Janer: Font 24.
Ausgewähltes Kunsthandwerk und schönes Material für Handarbeiten.

Highlight 7

Hort de Sant Patrici:
Camí de Ruma, km 1,
Tel. 971 37 37 02,
www.santpatrici.com,
Mo–Sa 9–13 und 16.30–20 Uhr.
Käserei mit Museum, Kulinaria-Laden und schönen Gartenanlagen, die mit ausgefallenen Skulpturen geschmückt sind. Morgens kann man bei der Käseproduktion zuschauen. Und die Besucher können Käsesorten verschiedener Reifestufen probieren (s. Tour 4, S. 115).

Feste & Unterhaltung

Festa de Sant Bartomeu: Am 23.–24. Aug. Patronatsfeiern zu Ehren des hl. Bartholomäus mit Reitern, Eselsprozession, Jahrmarkt, Musik und Feuerwerk.

Feria de artesania: Große Kunsthandwerksmesse auf dem Dorfplatz am ersten Wochenende im Oktober.

Loar: Avinguda Verge del Toro 2, Tel. 971 37 41 81,
Fax 971 37 38 88,
www.loarferreries. com, Apartments je nach Größe und Monat 40 € (ohne Halbpension) bis 150 € (mit Halbpension), im Sommer nur mit Halbpension buchbar, DZ 86–96 €.
Modernes Apartmenthotel im Ortszentrum, Hotelzimmer, Suiten, Studios und Wohnungen für 2–4 Personen. Ausgezeichnetes Restaurant.

Liorna: Carrer de Dalt 9,
Tel. 971 37 39 12,
Mi–Mo 19–23.30 Uhr.
Das im Altstadtkern versteckte Haus lockt mit einem begrünten Innenhof und einer leichten Mittelmeerküche mit italienischen Nuancen. Vorspeisen zwischen 9 und 16 €, Hauptgerichte zwischen 17 und 21 €. Wechselnde Kunstausstellungen.

Mesón El Gallo: Crta. Cala Galdana,
Tel. 971 37 30 39,
Di–So 12.30–15.30, 19–23.30 Uhr.
Außerhalb gelegener Landgasthof mit großem schattigem Garten. Kaninchengerichte (12 €), Kalbsfilet mit Mahón-Käsesauce (18 €) und als Dessert *Postre de la Abuela* nach geheimem Rezept der Großmutter.

Bus: 6–18 x tgl. nach Ciutadella und Maó, 10–17 x tgl. nach Cala Galdana.

Ziele in der Umgebung

S'Ermita (E 4): Auf der anderen Seite des ausgetrockneten Flussbettes führt ein 20-minütiger Weg auf den Hausberg **Son Granot** mit einer Kapelle, die dem Unbefleckten Herzen Marias geweiht ist. Ein wunderschöner Ausblick auf das Dorf und die umliegende Hügellandschaft belohnt für den steilen Aufstieg.

Finca de Binissues (D 3): Der honiggelbe Gutshof der menorquinischen Familie Salort, der 4 km von Ferreries stolz zwischen grünen Hügeln hervorschaut, steht Besuchern seit 1994 als Museumsfinca offen, obwohl auf den umliegenden Feldern weiterhin Ackerbau und Viehzucht betrieben werden. Die prunkvollen Räumlichkeiten sowie die ausgestellten Handwerks- und Feldgeräte in den Stallungen bieten einen Einblick in die Welt des menorquinischen Landadels. Ein Café-Restaurant mit großer Aussichtsterrasse lädt zur Einkehr.

Highlight 8

Fornells (G 2)

Die malerische Fischersiedlung (ca. 700 Einw.), die im 17. Jh. im Schatten der Festung von Sant Antoni entstand, lockt mit guten Fischrestaurants, weiß gekalkten Wohnhäusern, einem von Palmen umgebenen Schutzhafen und der großen Bucht, die ein Paradies für Wassersportler ist. Im Hafen ankern traditionelle Llaüts, mit denen die Einheimischen von April bis Ende August auf Langustenfang gehen und jedes Jahr mehr als 3500 kg der heiß begehrten Schalentiere an Land bringen. Im Hochsommer sind die zahlreichen Fischlokale immer gut besucht und die Bevölkerungszahl verzehnfacht sich, wenn viele Festlandspanier in Fornells Arbeit finden oder ihr Ferienhäuschen beziehen.

Sehenswert

Església de Sant Antoni: Die kleine Pfarrkirche aus dem Jahr 1790 ist dem hl. Antonius geweiht, der als Schutzheiliger der Tiere als steinerne Figur mit seinem Schwein oberhalb des Portals steht. Im Kirchenraum findet man eine Muttergottes und ein Bildnis des Schutzpatrons. Die rechte Seitenkapelle ist mit Malereien des katalanischen Malers Josep Serra Llimona ausgeschmückt. Während der klassischen Musikabende (jeden Do von Ende Juli bis Ende Aug.) füllt sich der kleine Kirchenraum bis auf den allerletzten Platz.

Castell de Sant Antoni: Von der ehemaligen Festung, die 1625 begonnen wurde und zwischen 1671 und 1782 die Hafeneinfahrt von Fornells schützte, sind nur noch Ruinen erhalten, denn sie wurde 1782 auf Veranlassung von Carlos III. geschleift. Eine umfassende Restaurierung der Festungsanlagen gehört zu den Plänen der Inselregierung, der Abschluss der ersten Bauphase wurde 2007 eingeweiht.

Ermita de Lourdes: Hoch über dem Meer wird in einer Felsgrotte die weiße Heiligenfigur der Jungfrau von Lourdes verehrt. Die kleine Einsiedelei ist immer mit frischen Blumen geschmückt.

Torre de Fornells:
Tel. 902 92 90 15,
Di–Sa 9.30–20.30,
So–Mo 9.30–15 Uhr.
Museum im alten englischen Wachtturm über dem Ort (s. Tour 3, S. 113). Vorratskammern, Pulvermagazin und

Wohnräume der Wachmannschaft sind originalgetreu nachgebildet. Von der Dachterrasse bietet sich ein herrlicher Ausblick auf die Küstenlandschaft.

Sport & Strände

Fornells ist für reinen Badeurlaub nicht geeignet, weil größere Sandstreifen fehlen, doch finden Wassersportler unerschöpfliche Möglichkeiten.

Tauchen
Diving Center Fornells:
Passeig Marítim 44B,
Tel./Fax 971 37 64 31,
www.divingfornells.com.
PADI-Kurse und tgl. Ausfahrten zum Meeresreservat rund um das Cap de Cavalleria an.

Wassersport
Windsurf Fornells: Am Ortseingang, Büro: Carrer Nou 33,
Tel. 971 18 81 50,
Mobil 659 57 77 60,
www.windFornellscom.
Windsurf- und Segelschule. 4- oder 6-tägige Surf- und Segelkurse, Verleih von Booten, Katamaranen und Surfbrettern.
Servinautic: Carrer Major 27–29,
Tel. 629 27 32 11,
www.servinauticmenorca.com.
Bootsverleih aller Größen mit und ohne Bootsführerschein.
Katayak: Passeig Marítim 69,
Tel. 600 39 05 89, www.katayak.net.
Ein-Mann-Kajaks oder Modelle für 2 Erwachsene und 1 Kind, ideal zur Erkun-

Hier bummelt die Prominenz: Hafenpromenade von Fornells

dung der kleinen Strände auf der anderen Seite der großen Bucht. Keine Vorkenntnisse erforderlich. Es werden auch Fahrräder vermietet.

Einkaufen

Aracy: Major 43–45.
Kleine Boutique mit traumhaft schönem Silberschmuck.
Looky: Gumersindo Riera 22.
Schöne Schuhe und Sandalen, Lederkleidung, Taschen und Geldbörsen – in bester Qualität.
Na Polida: Major 31.
T-Shirts, Sommerkleidung und Strandtaschen, von menorquinischen Designern entworfen.
Art Spai: Major 47.
Postkarten, Keramik und Kleinigkeiten.

Ausgehen

Sa Taula: Major 2.
Uriges Lokal in einem Gebäude, das an eine Taula erinnert. Drinks und Kunstausstellungen. Schöne Dachterrasse.

Feste & Unterhaltung

Carmen-Bootsprozession: Um den 16. Juli.
Regatta: Anfang Juli Regatta mit Lateinsegelbooten und Konzerten mit Seemannsliedern.
Festa de Sant Antoni: Patronatsfeiern am letzten Wochenende im Juli.
Nits de Múscia Clàssica: Klassische Sommerkonzerte Ende Juli–Ende Aug. jeden Do abend in der Dorfkirche.

La Palma: Plaça s'Algaret 3, Tel./Fax 971 37 66 34, www.hostallapalma.com, DZ 45–90 €.
Familiäres Hostal mit Garten und Pool. Im angeschlossenen Café treffen sich auch die Einheimischen gerne.
Hostal Fornells: Carrer Major 17, Tel. 971 37 66 76, Fax 971 37 66 88, www.hostalfornells.com,
DZ zum Innenhof 35–83 €, DZ mit Meerblick 53–110 €.
Kleine Hotelanlage mit Pool und Restaurant im Innenhof. 20 hübsche Zimmer, teils mit Balkon und Meerblick, Klimaanlage und TV. Fahrradverleih und alle Wassersportaktivitäten sind im Hotel buchbar.

S'Algaret: Plaça s'Algaret 7, Tel. 971 37 65 52, tgl. 11–22.30 Uhr.
Mittags werden auf der Empore hinter großen Fensterfronten mit Blick auf den Hafen oder auf der Terrasse am Dorfplatz Fisch und Tapas serviert.

Es Port: Gumersindo Riera 5 (Passeig Marítim), Tel. 971 37 64 03, tgl. 12.30–15.30, 19–23 Uhr.
Bunte Keramikteller dekorieren die Wände des Speisesaals, aber auch auf der kleinen Terrasse draußen wird Langusten-Caldereta oder Fisch- bzw. Meeresfrüchtetopf (*Arròs caldòs* für 14,50 €) serviert.
Es Pla: Passatge Es Pla, Tel. 971 37 66 65, tgl. 12.30–16, 19–23 Uhr.
Direkt am Meer pflegt König Juan Carlos seine Langustensuppe zu löffeln, die Preise sind entsprechend königlich. Günstiger speist man ohne Langusten mit dem Mittagsmenü für 27 €.
Can Miguel: Gumersindo Riera 35, Tel. 971 37 51 23, Di–So 12.30–23 Uhr.
Angenehmes Lokal mit einem hübschen, altmodischen Speisesaal, luftiger, schattiger Terrasse und mit Blick auf die Bucht. Tapas, Käse- und Schinkenplatten sowie andere Kleinigkeiten.
Es Cranc: Escoles 31, Tel. 971 37 64 42, Do–Di 13–15.30, 19.30–23.30 Uhr.
›Der Krebs‹ heißt dieses ganz versteckt gelegene Lokal, das auch bei Einheimischen als Geheimtipp gilt. Sogar die Gardinen haben Krebsmuster, und auf der Karte findet man eine umfangreiche Palette von Meeresfrüchten, Schalentieren und Fischtöpfen (30–75 €).

Bus: 1–3 x tgl. nach Maó, Son Parc, Cala Tirant, Arenal und Platges de Fornells.

Ziele in der Umgebung

Ses Salines (F/G 2): 1 km von Fornells, südlich der kleinen Häusergruppe von Ses Salines, in der sich eine Windsurfschule und ein Restaurant befinden, liegen die Becken ehemaliger Salzgärten.

Illa de ses Sargantanes (G 2): Auf dieser in der Mitte der Bucht gelegenen Privatinsel, die nur mit dem eigenen Boot erreichbar ist, lebt eine endemische Eidechsenart. Am Nordrand erhebt sich ein alter englischer Verteidigungsturm mit Schutzwall und Kanonenplatz. (s. Tour 3, S. 113).

Llucmaçanes (J 6)

Kehrt man dem Industriegebiet von Maó und den neuen Wohnblöcken am Stadtrand den Rücken, erreicht man in wenigen Minuten auf enger, gewundener Landstraße den kleinen Weiler Llucmaçanes, der seinen weltabgeschiedenen Charakter erhalten konnte, obwohl er nur einen Steinwurf vom Flughafen und der quirligen Hauptstadt entfernt liegt. An der engen Zufahrtsstraße passiert man stolze Landhäuser, alte Bauernhöfe, auf deren Weiden Milchkühe und Esel grasen, aber auch mit Kalksteinblöcken gebaute, futuristisch gestaltete Feriendomizile. Den Ortsmittelpunkt bildet die kleine Pfarrkirche Sant Gaietà. Auf dem Kirchplatz findet jedes Jahr im August die animierte Patronatsfeier statt, bei der auch viele Besucher aus Maó dabei sind.

An der Landstraße Richtung Sant Lluís passiert man den 1985 gegründeten Cricket Club, einen beliebter Treff der englischen Residenten.

Sport

Cricket Club: In Biniparell, Landstraße S'Uestrà–Llucmaçanes, www.menorcacricketclub.com.
Im Juli und Aug. finden jeden Mi um 10 Uhr und jeden Sa um 13 Uhr sogenannte ›Open Games‹ statt, bei denen auch Nicht-Mitglieder mitspielen und zuschauen können.

Feste & Unterhaltung

Festa de Sant Gaietà: Patronatsfeiern am ersten August-Wochenende auf dem Kirchplatz.

Llucmaçanes Gran: Es Pla de Sant Gaietà 10, Tel. 971 35 21 17, www.llucmagran.com, DZ 35–60 €. Bauernhof mit Viehhaltung und Ackerbau, gleich neben der Kirche gelegen. Zwei einfache Fremdenzimmer mit Gemeinschaftsbad und -küche, 1 Suite mit eigenem Bad. Aufenthaltsraum, windgeschützte Terrasse, Garten und Pool.

Sa Vinya: Camí de Baix 47, Tel. 971 36 93 82, Di–Sa 20.30–23 Uhr. Helle Räume und ein ehemaliger Weingarten bilden den Rahmen dieses lauschigen Lokals, in dem feine Kreationen der katalanisch-menorquinischen Küche serviert werden.

Maó (Mahón) (J 6)

Gemäß der Legende soll der Karthager Magon, ein Bruder des berühmten Feldherrn Hannibal, die Stadt Maó gegründet haben. Geschichtlich belegt ist die Niederlassung der Römer, die sich der Bedeutung des Hafens Portus Magonis bewusst waren. Auch die Mauren siedelten im Bereich der heutigen Kirche Santa Maria und umgaben die Stadt im 11. Jh. mit einer Stadtmauer. Dennoch wurde Maó erst 1721 von den Briten

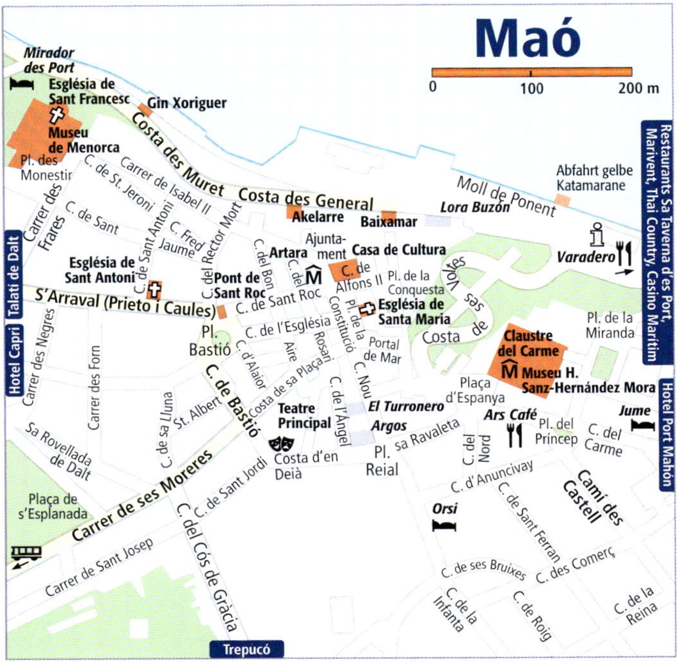

zur Inselhauptstadt gemacht. Englische Bauelemente und katalanischer Jugendstil mischen sich im Zentrum zu einer charmanten Mixtur mit schmiedeeisernen Balkonen, Buntglasscheiben, blank polierten Türklopfern, grün gestrichenen Fensterläden und roten Hausfassaden. Auch Prachtexemplare der typisch englischen *bow windows* (Erkerfenster) kann man an einigen Stadthäusern bewundern. Zahlreiche Aussichtspunkte hängen wie Balkone an der Steilküste und geben den Blick frei auf das innere Hafenbecken, deren Kaimauern durch eine breite Freitreppe mit der Altstadt verbunden sind. Das Stadtzentrum Maós (ca. 29 000 Einw.) ist ein wahres Shoppingparadies und die Hafenpromenade die Flaniermeile der Mahonesen.

Sehenswert

Teatre Principal: Das altehrwürdige Theater und Opernhaus aus dem Jahr 1829 wurde umfangreich renoviert und 2001 mit der Verdi-Oper Falstaff der Öffentlichkeit präsentiert. Der menorquinische Bildhauer Matiés Quetglas schuf für die Neueröffnung die grazile Bronzefigur ›Thalia‹, die vor der Eingangshalle steht.

Església de Santa Maria: Von der Plaça de s'Esplanada kommend, läuft man immer bergab Richtung Hafen

und kommt unweigerlich auf die Hauptkirche Santa Maria zu, die aus dem 18. Jh. stammt und berühmt ist für ihre Orgel, ein Prachtinstrument mit mehr als 3000 Pfeifen. Zwischen Juni und Okt. finden vormittags um 11.30 Uhr (außer So) halbstündige Orgelkonzerte statt.

Claustre del Carme: Neben der gleichnamigen Kirche aus dem 18. Jh. befindet sich der Kreuzgang des ehemaligen Karmeliterklosters. In den alten Klosterzellen haben sich Schlachtereien, Gemüsehändler, Käseläden, aber auch Schmuck- und Keramikgeschäfte, Schuh- und Kurzwarenläden sowie ein Schönheitssalon eingerichtet. Mit der Rolltreppe gelangt man ins Untergeschoss, zum Supermarkt und zur Parkgarage. Im Obergeschoss gibt es Ausstellungssäle, eine Bibliothek und das Privatmuseum **Hernández Sanz-Hernández Mora** (Mo–So 10–13 Uhr) mit einer sehenswerten Land- und Seekartensammlung. Im Sommer finden im Innenhof Veranstaltungen und Freiluftkinovorführungen statt.

Església de Sant Francesc: Die Franziskanerkirche aus dem 18. Jh. beeindruckt besonders durch das große Rundbogenportal und den hohen einschiffigen Kirchenraum. Hübsch ist die seitlich angebaute, im Barockstil gestaltete Kapelle der Unbefleckten Empfängnis.

Església de Sant Antoni: Das sakrale Innere dieser kleinen Kirche, die von der Sparkasse Sa Nostra gekauft und restauriert wurde, bildet den Rahmen für Ausstellungen, Dichterlesungen und Konzerte.

Pont de Sant Roc: Das letzte erhaltene Stadttor war Teil der Mauern, die Maó vor Piratenüberfällen schützen sollten.

Galería Artara: Rosari 18,
Mo–Fr 10–13.30, 18–20.30,
Sa 10–13.30 Uhr.
Ständig wechselnde Ausstellungen gewähren Einblicke in das vielfältige künstlerische Schaffen der Inselmaler.

Museu de Menorca: Claustre de Sant Francesc, Di–Sa 10–14, 18–20.30, So 10–14 Uhr.
Neben der Kirche Sant Francesc sind rund um den alten Klosterhof Fundstücke aus prähistorischen Ausgrabungsstätten ausgestellt, darunter der Bronzestier aus Torralba. Zu sehen sind

Flaniermeile mit Flair: den ›Sundowner‹ genießen an der Hafenpromenade von Maó

Menorquinischer Gin zur Verkostung

Ginet, der menorquinische Gin, ein Wacholderschnaps, wird nach altem Familienrezept in der Destillerie Gin Xoriguer am Hafen von Maó hergestellt und in grüne Glasflaschen oder Steingutgefäße abgefüllt. In der Probierstube der Gin-Fabrik stehen beim Blick auf dampfende Kupferkessel und Säcke mit Wacholderbeeren kleine Gläser zum Kosten und schöne Flaschen zum Verkauf bereit. Dort können auch andere alkoholische Inselspezialitäten verkostet werden. Fischer und Arbeiter beginnen den Tag übrigens gerne mit einem Espresso und einem Gläschen Ginet.
Gin Xoriguer: Moll de Ponent 91, Tel. 971 36 21 97, Mo–Fr 8–19, Sa 9–13 Uhr.

außerdem Keramik aus verschiedenen Kulturkreisen des Mittelmeers, Malerei, Landkarten der Insel sowie Handwerkszeug der menorquinischen Kleinindustrie und die berühmten Silbertäschchen der Modeschmuckhersteller Maós.

Highlight 9

Hafenrundfahrt: Nicht versäumen sollte man die Hafenrundfahrt (s. Tour 2, S. 110) mit den gelben Katamaranen (Dauer: 1 Std., 10 €). Abfahrtszeiten: Mo–Sa 10.30, 11.30, 12, 13, 13.30, 14.30, 15, 16 Uhr, So letzte Abfahrt um 15 Uhr; Abfahrtsstelle: Moll de Ponent, am Fuße der Hafentreppe. Auskunft: Tel. 639 67 63 51, www.yellowcatamarans.com.

Alle 30–60 Min. legt einer der beiden gelben Katamarane zur gut einstündigen Hafenrundfahrt durch den fast 6 km langen Naturhafen von Maó ab. Teil der Fahrt ist ein sehr interessanter Kommentar in deutscher Sprache zur Geschichte der vier Hafeninseln, der alten Festungen, der berühmten Häuser und der alten britischen Garnisonsstadt Es Castell. An der Hafenmündung können die Fahrgäste die Meereswelt durch die Glasfenster der beiden Unterwasserkammern der Boote genießen. Die modernen Katamarane sind mit Sonnendeck, Schattenplätzen, Bar und Toilette ausgestattet.

Sport & Strände

Im Stadtgebiet besitzt Maó keine Sandstrände. Die nächste Bademöglichkeit ist die etwa 5 km entfernt gelegene **Bucht Sa Mesquida** (s. S. 93).
Cala Pedrera: s. S. 68.

Bootsausflüge

Das Ausflugsschiff **Don Joan** (am Ende der Hafentreppe, Tel. 971 35 08 78) bietet mehrmals wöchentlich dreistündige Küstenfahrten an die Nordost- oder Südostküste mit 30-minütiger Badepause an. Abfahrtszeiten: 9.30/10 Uhr und 13.30/14 Uhr.

Bootsverleih

Nautic Fun: Moll de Llevant 57, Tel. 670 39 63 96, www.nauticfunmenorca.com.
Verleih von kleineren und größeren Motorbooten, Tages- und Wochenmiete. Das Modell »Arena 400« kann auch ohne Bootsführerschein gemietet werden.
Menorca Nautic: Moll de Llevant 152, Tel. 971 35 45 43, www.menorcanautic.com.

Wochen-Verleih von Motor- und Segelbooten mit Kabine, ideal für Segeltörns und Ausflüge rund um die Insel.

Einkaufen

Der **Markt** am Dienstag und Samstag auf der Plaça de s'Esplanada ist ein Touristenmagnet.
Gin Xoriguer: s. Tipp.
Argos: Costa d'en Deià 4.
Bildergalerie, in der hübsche Rahmen gefertigt und ausgefallene Aquarelle, Drucke und Postkarten verkauft werden.
Es Macar: Carrer Hannover 50.
Vor einigen Jahren eröffnetes, hübsch gestyltes Ladenlokal mit lustiger und bequemer Sommerkleidung und darüber hinaus Accessoires der menorquinischen Textil- und Designerfirma Pou Nou.
El Turronero: Carrer Nou 22.
Seit 1894 Eis, Kuchen, Süßigkeiten, Kulinaria auch als Mitbringsel.
Lora Buzón: Moll de Ponent 10.
Hübsche Keramik aus eigener Werkstatt.

Ausgehen

Akelarre: Moll de Ponent 41–43, 8–5 Uhr.
Dance- und Jazz-Club, oft Live-Musik.
Baixamar: Moll de Ponent 17, 8–3 Uhr.
Gemütliche Café-Bar, zu jeder Stunde gut besucht.
Latitud 40: Moll de Llevant 265, 18–3 Uhr.
Schicke Musikbar für schicke Leute, gleich neben dem Spielkasino.
Nashville: Moll de Llevant 143–147, tgl. 10–2 Uhr.
Bier- und Musiklokal unter deutscher Leitung, große Bier-Auswahl, Tex-Mex-Küche, Country-Live-Musik.
Casino Marítim: Moll de Llevant 287, Tel. 971 36 49 62, tgl. 15–5 Uhr.
Das am Hafen von Maó gelegene Spielkasino lockt seine Besucher mit Black Jack, Poker, amerikanischem Roulette, Glücksspielautomaten, Ausstellungen, Bar und einem ausgezeichneten Restaurant mit herrlicher Terrasse. Kein Krawattenzwang. Ausweis erforderlich!

Internet-Café
Casa del Inmigrante: Carrer Miguel de Veri 23, Tel. 971 35 59 60,
Zahlreiche PCs, DSL, Computerspiele, Farbdrucker, Fotokopierer, Scanner, E-Mail, Bild-Digitalisierung.

... außerhalb
Collingwood House: Crta. Maó–Es Castell, oberhalb Cala Fonduco, Hotel des Almirante.

Die Festung La Mola

Die an der Hafenausfahrt gelegene Festung von Isabel II, besser bekannt unter dem Namen La Mola, ist ein kolossales Werk militärischer Baukunst. Die Anlage wurde im 19. Jahrhundert zum Schutze der Hafeneinfahrt gebaut und im Jahre 2005 nach umfangreichen Restaurierungsarbeiten in neuer Pracht als Freiluftmuseum für Besucher geöffnet. Für die Erkundung der Anlage sollte man Fernglas, Taschenlampe, Sonnenschutz, bequemes Schuhwerk und ein wenig Verpflegung nicht vergessen, denn der Besuch dauert oft länger als erwartet.
La Mola, Tel. 971 36 40 40, www.fortalesalamola.com, 10–20 Uhr.

Kaffee, Drinks und mehr: Ars Café in der Altstadt von Maó

Die Residenz des Seeadmirals Collingwood, heute als Hotel besonders bei Briten beliebt, ist sehr schön mit Antiquitäten, alten Seekarten und Gemälden ausgestattet. In der Bar kann man einen Drink nehmen und die Atmosphäre genießen.

Feste & Unterhaltung

Internationales Jazzfestival: Jazzkonzerte Ende März bis Anfang Juni in verschiedenen Lokalen.

Opernwoche: 1. Mai-Hälfte im Teatre Principal.

Orgelkonzerte: Juni–Okt. Mo–Sa um 11.30 Uhr halbstündige Orgelkonzerte und Orgelwoche (Ende April) in der Kirche Santa Maria.

Hafenfest zu Ehren von Sant Pere: Fest der Seeleute, letztes Juni-Wochenende am Hafen von Maó.

Festival de Música de Maó: Sommerkonzerte im Juli/Aug. mit Chören, klassischer Musik und Orgelkonzerten in der Kirche Santa Maria und im Teatre Principal.

Fest zu Ehren der Muttergottes Carmen: Ehrung der Schutzpatronin der Fischer und Seeleute mit Bootsprozessionen am Hafen (12.–16. Juli).

Segelregatta: Letzte Woche im August mit alten Segelbooten im Hafen.

Marienfest Verge de Gràcia: Fest zu Ehren der Schutzheiligen Mare de Déu de Gràcia mit Umzügen, Wettbewerben, Märkten und Konzerten am 7.–9. Sept.

Oficina de Turisme: Moll de Llevant 2, 07701 Maó, Tel. 971 35 59 52, Fax 971 35 26 74, infomenorcaport@cime.es.

Orsi: Carrer de la Infanta 19, Tel. 971 36 47 51, DZ 40–56 €.
Einfache Pension für anspruchslose Gäste, Zimmer mit und ohne Bad, zentrale Lage, nur wenige Schritte vom Obst- und Gemüsemarkt.

Jume: Concepció 6, Tel. 971 36 32 66, Fax 971 36 48 78, DZ 46–54 €.
Kleines Hostal in einer ruhigen Nebenstraße hinter der Carmen-Kirche und dem Lebensmittelmarkt, auch bei Geschäftsreisenden beliebt.

Capri: Sant Esteve 8, Tel. 971 36 14 00, Fax 971 35 08 53, www.rtmhotels.com, DZ 80–166 €.
Zentrales Drei-Sterne-Hotel mit Pizza-Restaurant und angenehmer Bar im Erdgeschoss. Auf dem Dach Hallenbad,

Sauna, Whirlpool und Sonnenterrasse mit grandiosem Blick über Stadt und Hafen.

Mirador des Port: Vilanova 1,
Tel. 971 36 00 16, Fax 971 36 73 46,
mirador@hoteles-catalonia.es,
DZ 85–140 €.
Modernes, hübsch gestaltetes Stadthotel in ruhiger Lage, mit schönem Ausblick auf das Hafenbecken hinter der Kirche Sant Francesc.

Port Mahón: Avinguda Fort de l'Eau 13, Tel. 971 36 26 00,
Fax 971 35 10 50,
portmahon@sethotels.com,
DZ 100–190 €.
Traditionshotel in ruhiger Wohngegend oberhalb des Spielkasinos, 5 Min. zum Stadtzentrum. 73 Zimmer, mit Klimaanlage, Heizung, Satelliten-TV, z. T. mit Balkon sowie 9 Suiten mit Terrasse und herrlichem Hafenblick. Restaurants, Piano-Bar, Café, Pool und Sonnenterrasse.

Ars Café: Plaça del Princep 12 B,
Mo–Sa 8.30–24 Uhr.
Mehr als 100 Jahre altes Kaffeehaus, in dem man stundenlang in Magazinen blättern, mit Freunden plaudern oder eine Zwischenmahlzeit bestellen kann. Leckere Salate und belegte Brote ab 3 €.

Thai Country: Moll de Llevant 274, Tel. 971 35 39 34,
tgl. 13–15.30, 20–23.30 Uhr.
Deutsch-thailändische Besitzer offerieren köstliche exotische Gerichte, die mit frischen Zutaten gekocht und liebevoll präsentiert werden.

Marivent: Moll de Llevant 314,
Tel. 971 36 98 01,

Besuch der Keramikwerkstatt Vicó

Gleich neben der prähistorischen Siedlung von Trepucó, zwischen Maó, Es Castell und Sant Lluís, verbirgt sich die Keramikwerkstatt von Antonio Vico. Lustige Figuren und allerlei Brauchbares für Haus und Küche tragen die Handschrift des erfahrenen Keramikkünstlers, den man nicht nur in seiner Werkstatt, sondern auch auf allen Kunsthandwerksmärkten der Insel antrifft.
Caserio de Trepucó 33,
Tel. 971 36 91 28.

Mo–Sa 13–15.30 und 19–24 Uhr. Hübscher Speisesaal und blumenumrankte Terrasse mit Hafenblick, auf der Karte vor allem Fisch und Meeresfrüchte zu gehobenen Preisen (19–26 €), außerdem große Tapa-Karte mit kalten und warmen Kleinigkeiten.

Sa Taverna d'es Port: Moll de Llevant 115, Tel. 971 36 79 09, Di–So 12.30–16 und 19.30–23 Uhr. Nette Tapabar mit moderaten Preisen und freundlichem Besitzer. Unbedingt *patates braves* (Kartoffeln mit scharfer Sauce) probieren.

Varadero: Moll de Llevant 4, Tel. 971 35 20 74, Mo–Sa 13–16, 19–23.30, So 13–16 Uhr. Edelrestaurant mit prominenten Speisegästen direkt am Hafenkai gelegen. Reis- und Nudelpfannen, Fisch und Vorspeisen z. B. *Lome de bacalao* (Stockfisch-Rücken) sind ein Augen- und Gaumenschmaus. Hauptgerichte ab 15,50 €.

Bus: TMSA-Busse Richtung Ciutadella 6–20 x tgl., alle 30 Min. nach Sant Lluís, Es Castell, mehrmals tgl. zu allen Südstränden. Busse der Gesellschaft **Autos Fornells:** nach Arenal, Son Parc, Fornells und Platges de Fornells 1–3 tgl. **Busstation:** Plaça de s'Esplanada.

Fährverbindungen nach Mallorca: Trasmediterránea (Tel. 902 45 46 45) verkehrt sonntags von Maó nach Palma de Mallorca (mit Pkw-Beförderung), Dauer: gut 6 Std.

Taxi: Taxistand an der Plaça de s'Esplanada. Taxi-Ruf: Tel. 971 36 71 11.

Motorradverleih: Motos Menorsur: Moll de Llevant 35 (Hafen), Tel. 971 36 56 66, www.automenorcasur.com. Vermietung von Motorrädern, Mopeds und auch Autos.

Ziele in der Umgebung

Trepucó (J 6): Der Straße Cós de Gràcia folgend, erreicht man den am Stadtrand gelegenen Friedhof, dessen Kirche zahlreiche Votivgaben von aus Seenot geretteten Matrosen und das Bildnis der Madonna Verge de Gràcia birgt. 1 km weiter südlich erreicht man die prähistorische Siedlung von Trepucó mit dem größten Talaiot Menorcas und einer 5 m hohen Taula, die im Jahr 1930 von Margaret Murray freigelegt wurde.

Talatí de Dalt (H 6): Auf der Hauptstraße in Richtung Ciutadella biegt 500 m hinter dem Flughafenabzweig ein schmaler Fahrweg (Hinweisschild) zu einer der schönsten prähistorischen Stätten Menorcas ab. Berühmt ist die Taula mit dem angelehnten Menhir. Am Zufahrtsweg befindet sich das Atelier des menorquinischen Malers Francisco Sans Huguet. Für die Besichtigung der archäologischen Stätte ist eine Eintrittsgebühr zu entrichten.

Cala Llonga (K 6): Auf der Nordseite des Hafens von Maó. Ein kleines rotes

Haus mit rostroter Fassade und blumengeschmückter Terrasse, das über der Tür den Namen ›Vallirana‹ trägt, erinnert an die Zeit, als rund um den Hafen nur ein paar dieser bescheidenen Sommerhäuschen standen. Heute gehört die Cala Llonga zu den teuersten Residenzvierteln der Insel. Wie in einem Amphitheater gruppieren sich die Luxusvillen rund um die lang gestreckte Bucht, die Häuser in Ufernähe besitzen ihre eigenen Bootsstege, an denen schmucke Yachten vertäut sind. Die Cala Llonga ist Refugium von englischen Millionären und spanischen Filmstars, Politikern, Ärzten und Anwälten. Doch Geschäfte, Bars oder Restaurants fehlen.

Cala Porquer (K 6): Kurz vor Cala Llonga zweigt rechts ein schmaler Fahrweg mit dem Hinweis ›Sa Punta d'en Gallerut‹ ab. An der Landspitze führt rechts ein schmaler Pfad zur Cala Porquer, wo sich der **Cementerio Angloamericano** verbirgt. Dort wurden im 19. Jh. rund 30 amerikanische Seeleute bestattet. Auffallend ist das von einem schwarzen Eisengitter umgebene Grab mit dem schwarzen Grabstein aus Marmor, unter dem der deutsche Kapitän Leutnant von Bunsen, der 1890 an Bord der »SMS Kaiser« starb, seine letzte Ruhestätte fand. Bunsen war ein enger Freund von Wilhelm II. Der Kaiser machte bei einer seiner Mittelmeerreisen in Maó Station, um am Grab seines Freundes einen Blumenstrauß niederzulegen.

Highlight 10

Monte Toro (F 4)

Als hätte ein Riese einen großen Felsbrocken verloren, erhebt sich der Monte Toro, Menorcas höchster Berg, inmitten der von sanft gewellten Hügeln geprägten Inselmitte. Gut 3 km sind es auf der einzigen Serpentinenstraße von Es Mercadal bis auf 357 m Höhe. Dort umschließt das schneeweiß getünchte und liebevoll gepflegte ehemalige Augustinerkloster die Marienkapelle, in der eine dunkelhäutige Madonna verehrt wird. Die Verge del Toro (›Jungfrau des Stiers‹) ist Menorcas Schutzheilige und heißt so, weil ein Stier die Heiligenfigur gehütet und Mönchen das Versteck gezeigt haben soll. Von den Aussichtsterrassen rund um das Heiligtum genießt man einen Habichtsblick über die ganze Insel, und an besonders klaren Tagen tauchen am Horizont die hohen Berge der Nachbarinsel Mallorca auf.

Feste & Unterhaltung

Festes de Sant Nicolau: Kirchweihfest mit Reiterprozession um den 10. Sept.

Sa Posada del Toro: Tel. 971 37 51 74, tgl. 12.30–16 Uhr. Miguel Angel wirbelt hinter Kochtöpfen, Bep und Toni wirbeln an der Kaffeemaschine, und im Speisesaal wird ein ausgezeichnetes Mittagsmenü (für 12,50 oder 16 €) serviert, das sich auch die Menorquiner gerne schmecken lassen.

Na Macaret (H 3)

Am Rande der Cala Molí gruppieren sich hübsche private Ferienvillen, viele davon mit eigenen Bootsstegen, an denen Llaüts (menorquinische Küstenboote) vertäut sind. Rund um den kleinen Badestrand, der von drei Palmen

Große Auswahl und ein hübsches Lächeln – da kehrt man gerne ein!

überschattet wird, spielt sich besonders im Hochsommer das Leben der Einheimischen ab, wenn der malerische Küstenort den Insulanern als Sommerresidenz dient. Dann sitzen sie mit Kind und Kegel vor ihren Bootsgaragen und lassen die heißen Tage ins Land gehen. Hinter dem Sandplatz laden verschiedene Speiselokale zur Einkehr. Von der Mole, rechts des Sandstrandes, reicht der Blick bis zum Leuchtturm von Favàritx und auf die zerklüftete Küstenlandschaft.

Sport & Strände

Der Strand ist klein und grobkörnig. Er fällt steil ins Meer ab und besitzt Steine und Felsen unter der Wasseroberfläche, weshalb das Tragen von Plastiksandalen empfehlenswert ist.

Acuario: Sa Plaça, Tel. 971 35 98 58, Di–So 12.30–15.30, 19–22.45 Uhr. Das Restaurant liegt nur wenige Schritte vom Strand und bietet eine schattige Terrasse und ein hübsches Interieur.

Die Speisekarte wartet mit Entenfilet *(Pato)* für 16 € oder fangfrischem Fisch, aber auch mit kleinen Gerichten (Tapas) wie *Patates braves* (Kartoffeln mit scharfer Sauce) für 4,50 € auf.

Platges de Fornells (F 2)

Ein vom Wind gebeugter wilder Olivenbaum begrüßt den Besucher am Eingang der geschmackvollen Feriensiedlung. Rechts staffeln sich Ferien- und Privathäuser am Hang. Links zieht sich die kleine Schlucht mit den gepflegten Kakteengärten und einem Ententeich zum Meer hinunter. Die einzelnen Häusergruppen sind von herrlichen Gartenanlagen umgeben. In der Ferne weist der Leuchtturm auf dem Cap de Cavalleria den Schiffen den Weg. 1981 lief das unter Panamaflagge fahrende Frachtschiff »Benil« bei stürmischer See auf ein Riff, der Reeder überließ die Besatzung ihrem Schicksal, das Wrack konnte nie geborgen werden und ragt noch immer wenige Meter vom Ufer entfernt aus dem Wasser. Der weite Sandstrand und der 1974 an dessen Westrand gebaute Ferienkomplex sind unter dem Namen Cala Tirant bekannt. Hinter dem Strand erstreckt sich ein kleines Feuchtgebiet, das Vögeln und Wassertieren als Refugium dient.

Sport und Strände

Der lange **Sandstrand** mit kleinem Dünen- und Feuchtgebiet bietet viel Platz für Badegäste. Es gibt jedoch keine Schattenplätze. Im Hochsommer ist ein Sonnenschirm empfehlenswert.

Tauchen
Diving Adventure Menorca: Hotel Carema Club, Tel. 626 47 67 78, 609 16 61 65, www.divingmenorca.com.

Es Cactús: Zona Comercial 5, Tel. 971 37 66 79, tgl. 9–23 Uhr.
Schön gestaltetes Lokal mit Blick auf Strand und Feuchtgebiet. Im Angebot sind verschiedene Paellas (Reispfannen für 10–13 €), Meeresgetier und Pizza. Umfangreiche Speise- und Dessertkarte.

Punta Prima (J 8)

Das Meer rund um Punta Prima ist ein Paradies für Unterwassersportler, auch mit Flossen und Schnorchel kann man an felsigen Ufern vielen Meeresbewohnern begegnen. In den letzten Jahren hat sich Punta Prima zum Treffpunkt für Surfer entwickelt, die auch im Winter mit ihren Brettern auf den Wellen reiten. Am schneeweißen, feinsandigen Strand gibt es Liegen, Sonnenschirme und Tretboote. Am Rande der Sandfläche stehen noch die alten Bootsgaragen der Einheimischen und bescheidene Sommerhäuschen aus den Anfangstagen. Erst auf den zweiten Blick entdeckt man das Ende der 1990er Jahre entstandene 1100-Betten-Apartmenthotel Insotel Punta Prima. Vor dem Mammutkomplex plant das Fremdenverkehrsministerium eine neue Seepromenade von Punta Prima nach Alcalfar anzulegen. Westlich des Strandes bilden Felsterrassen Aussichtspunkte zur Leuchtturminsel Illa de l'Aire. Der alte Wachtturm aus dem 18. Jh. oben auf dem Hügel birgt seit einigen Jahren eine Jugendherberge.

Sport & Strände

Der weiße, feinsandige **Sandstrand** gehört zu den schönsten Badeplätzen im Südosten und ist mit Duschen und Erste-Hilfe-Station ausgestattet.

Plätze für Tennis, Volleyball und Minigolf findet man im Hotel Pueblo.

Xaloc Playa: Platja de Punta Prima, Tel. 971 15 91 20, Fax 971 15 91 65, www.xaloc.com, DZ 62–130 € (mit obligatorischer Halbpension).
Von schattigen Pinienwäldchen umgebenes Strandhotel mit 133 Zimmern, gemütlicher Aufenthaltsraum, Pool mit Kinderbecken, Garten, Tischtennis, Billard, Fahrradverleih.

Hotel Barceló Pueblo Menorca: Carrer Punta Prima s/n, Tel. 971 15 90 70, Fax 971 15 92 11, www.barcelopueblomenorca.com, DZ 70–150 €.
Im Jahre 2008 grundrenoviertes Großhotel mitten im Ort mit Spa und umfangreichem Sportprogramm.

Sebastian Place: Tel. 971 15 90 68, tgl. 11–24 Uhr.
Direkt am Strand gelegenes Lokal mit großer Terrasse unter dem Schilfdach und schönem Meerblick. Drinks, Snacks, Salate, Fisch- und Fleisch-gerichte, z. B. Curry-Huhn *(Pollo al curry)* für 8,80 €. Abends manchmal Live-Musik.

Son Ganxo: Son Ganxo 77, Tel. 971 15 90 75, Mo–Sa 13–15.30, 19–23 Uhr, So und Juli/Aug. tgl. 13–15.30 Uhr.
Direkt am Meer gelegenes Lokal mit hübschem Interieur, Terrasse und Pool. Ob Spinat auf katalanische Art, California-Salat, Curry-Geschnetzeltes à la Marrakesch (9 €) – Küchenchef Norbert kocht einfallsreich, mal deutsch, mal international. Von vielen Gerichten können auch halbe Portionen bestellt werden.

... in Biniancolla

La Baia: Cala Biniancolla, Tel. 971 15 92 81, Mo–Sa 18–24, So 12–24 Uhr.
Nettes Lokal mit großer Terrasse. Spezialitäten des Hauses sind italienische Gerichte und hervorragende knusprige Pizzen (ab 6 €).

En Caragol: Marina de Torret, Tel. 629 19 50 89, Di–So 13–15.30, 19–23 Uhr.
Die Terrasse vor dem alten Bootshäuschen ist ein Logenplatz für das ewige Schauspiel von Meer und Möwen, Sonne und Wolken. Antonio und José servieren frischen Fisch je nach Marktangebot und ausgesuchte Weine. Highlights: *Ensalada con queso de cabra gratinado* (Salat mit gratiniertem Ziegenkäse, 7 €) oder *Emperador con salsa de pimiento rojo* (Schwertfisch in roter Paprikasauce, 14,50 €).

Mini Tren: 5 x tgl. fährt der **Binibèquer Express** auf der Küstenstraße nach Binibèquer.

Bus: 9–17 x tgl. nach Maó.

Ziele in der Umgebung

Biniancolla (J 8): Als Kontrast zu den Hotelkästen rund um Punta Prima ist die Bucht von Biniancolla mit ihrem kleinen Schutzhafen, Booten und weißen Häusern ein idyllischer Platz an der felsigen Südostküste. Es gibt hier keinen Sandstrand, doch führen schmale Pfade und Stufen zu netten Badeplätzen. In der Umgebung finden sich weiße Bootshäuser und luxuriöse Ferienvillen.

S'Algar (K 7)

Der Menorquiner Gabino Sintes Pons gilt als Gründer der gepflegten Feriensiedlung, die vor gut 30 Jahren am Südostzipfel der Insel entstanden ist. Seine Büste steht im Innenhof des Hotels S'Algar. Der Küstenort ist ideal für sportlich aktive Gäste, alle Unterkünfte sind ruhig gelegen und von Gartenanlagen umgeben. Am Meer findet man einen künstlichen Ministrand, eine geschmackvoll gestaltete Poollandschaft und die Seepromenade mit schönem Blick auf den Leuchtturm der vorgelagerten Felsinsel Illa de l'Aire.

Sport & Strände

An der felsigen Küste findet man Felsplatten, eine Poollandschaft und einen künstlich aufgeschütteten Ministrand. Die kleine **Sandbucht Alcalfar** liegt zu Fuß ca. 15 Min. entfernt. Es besteht ein Zubringerdienst mit Bussen zum Strand von Punta Prima.

Club de Tenis S'Algar:
Tel. 971 15 03 61.
4 Kunstrasenplätze mit Flutlicht, 2 Paddletennis-Plätze, Verleih von Schlägern und Bällen, Tennisunterricht, Gymnastik, Sauna und Massagen.
S'Algar Sports: Beim Hotel Sant Lluís und dem Club de Tenis S'Algar, Tel. 971 35 94 54.
Großzügig angelegtes Sportgelände mit Tischtennis, Bowling, Minigolf, Golfübungsanlage, Fußballplatz, Gigantenschach, Fahrrad- und Mountainbike-Verleih. Zahlreiche Aktivitäten mit Trainer auch außerhalb des Geländes: Mountainbike-Touren, Schnorcheltouren, Kajak- und Segelfahrten. ›S'Algar Sports Card‹: s. Tipp.
S'Algar Diving: Passeig Marítim, Tel. 971 15 06 01, Fax 971 15 06 04, admin@salgardiving.com, www.salgardiving.com.
Tauchschule im Hochsommer mit stündlichen Ausfahrten, alle Tauchkurse, spezielle Höhlentauchkurse, Schnorcheltrips für die ganze Familie, Bootsverleih und Schnupperkurse. Auf der Webseite hervorragende Beschreibung der Tauchgründe. Besonderes Highlight ist das Grottentauchen am Cap d'en Font.

S'Algar:
Tel. 971 15 17 00,
Fax 971 15 01 06,
hotelsalgar@salgarhotels.com,
www.salgarhotels.com,
DZ 100–180 €.
Zweistöckiger Flachbau im menorquinischen Stil direkt am Meer gelegen, mit tropischem Innengarten, 106 Zimmer mit Balkon oder Terrasse. Ruhiges Publikum.

Top-Adressen für Feinschmecker sind die beiden Restaurants (mit Gerichten à la carte) der **Hotels S'Algar** (Tel. 971 15 17 00, tgl. 19–23 Uhr) und **Las Palmeras** (Tel. 971 15 06 03, tgl. 19–23 Uhr).
Asia: Am Ortseingang neben dem Hotel Luis, Tel. 68788 65 87, Di–So 19–23 Uhr. Feine asiatische Küche.

Für Sportfans: S'Algar Sports Card

Die ›S'Algar Sports Card‹ des Sportclubs S'Algar Sports (s. dort) in der Feriensiedlung S'Algar bietet freie Benutzung der Sportanlagen (Tennis, Golf etc.), freie Touren (u. a. Mountainbiking, Kajak- und Wandertouren) und viele andere Vergünstigungen. Sie kostet 50 € pro Woche. Ein lohnender Tipp für sportlich Aktive!

Wandervorschläge

Vorschläge für Wanderungen und Spaziergänge in der Umgebung der Feriensiedlung S'Algar enthält das Büchlein »Spaziergänge und Ausflüge in der Umgebung«, das im Hotel S'Algar (s. dort) verkauft wird.

Bus: 6 x tgl. nach Maó. Zubringerbus zum Strand von Punta Prima, 4 x tgl.

Ziele in der Umgebung

Caló des Rafalet (K 7): Von der Hotelanlage Las Palmeras im oberen Teil der Feriensiedlung schlängelt sich ein Pfad hinunter in die Schlucht von Rafalet, in der sich ein zauberhaftes Steineichenwäldchen und eine winzige Badebucht verstecken.

Cala d'Alcalfar (K 7): Auf dem Küstenpfad oder im Landesinneren, vorbei an verwilderten Gemüsegärten, erreicht man in 15 Min. die stille Sommersiedlung am Rande einer lang gestreckten Bucht (s. S. 47).

Sa Caleta/ Santandria (A 4)

Der britische Verteidigungsturm Es Castellar schützt den Eingang zu einer lang gestreckten Bucht, deren Arme an den malerischen Stränden von Cala Santandria und Sa Caleta enden. Die winzige Bucht Sa Caleta ist mit feinem, schneeweißem Sand ausstaffiert und von hübschen Häuschen aus dem frühen 20. Jh. umgeben. Auch wenn weiter im Landesinneren Großhotels mit Nonstop-Animationsprogramm entstanden sind, hat der idyllische Badeplatz nichts von seinem alten Charme eingebüßt. Nördlich von Sa Caleta sind in den letzten Jahren palastartige Ferienhäuser neureicher Menorquiner entstanden. Die malerische Cala Santandria wird von in den Fels geschlagenen Höhlen umgeben, die einst von den Ureinwohnern als Begräbnisstätten und heute von den Einheimischen als Wochenenddomizile genutzt werden. Rund um den Sandstrand findet man verschiedene Hotels und Einkehrmöglichkeiten.

Sehenswert

Museu Cova Sa Nacra:
Cala Santandria,
nur sporadisch geöffnet.
Die ehemalige Wohnhöhle eines deutsch-menorquinischen Ehepaares liegt direkt neben dem Restaurant Sa Nacra, kann jedoch leider nur noch selten besichtigt werden. Wohn- und Schlafzimmer, Bad, Kinderzimmer und Küche – alles wie in einer richtigen Wohnung – sind mit Bildern, Skulpturen und Fundstücken des Künstlerpaars geschmückt.

Mateu's: An der Landstraße zwischen Ciutadella und Cala Blanca (Ecke Carrer des Pardal).
Eigenwillig geschmücktes Privathaus mit skurrilem Skulpturengarten, von seinem Besitzer Mateu mit immer neuen Figuren ausgestattet. Ein Blick in den Garten ist ein Augenschmaus.

Sport & Strände

Beide **Sandbuchten** von Cala Santandria und Sa Caleta sind idyllisch gelegen, aber ausgesprochen klein.

Tauchschule Poseidon: Im Hotel Bahia (s. u.).
Eigenes Boot mit täglichen Ausfahrten u. a. zum Top-Spot Pont d'en Gil, wo sich eine der schönsten Höhlen der

menorquinischen Unterwasserwelt befindet.

Prinshotel Sa Caleta: Cala Santandria, Tel. 971 38 09 60, Fax 971 38 60 89, caleta@prinsotel.es, www.prinsotel.es, DZ 65–202 €.
Weitläufige und gepflegte Anlage mit 245 Zimmern in drei Wohngebäuden, großem Pool, Kinderspielplatz, vielseitigem Animationsprogramm, Tennis und Volleyballplatz. Außerdem schöner Speisesaal.

Bahia: Cala Santandria, Tel. 971 38 26 44, Fax 971 48 27 04, www.bahia-poseidon.de, DZ 85–120 € (mit obligatorischer Halbpension).
Einer der ersten Unterkunftsbetriebe der Insel, der mit weißer Fassade und grünen Fenstern perfekt in die Landschaft passt und bis heute den Charme eines typischen Strandhotels bewahrt hat. 15 geräumige Zimmer, Nr. 4 und 5 besitzen jeweils eine große Terrasse über dem Meer. Hübsches Restaurant mit herrlichem Ausblick, in dem auch Gäste, die nicht im Hotel wohnen, willkommen sind.

Sa Nacra: Cala Santandria, Tel. 971 38 62 06, tgl. 12.30–15.30, 18–23.30 Uhr.
Eine mit Skulpturen ausgestattete Höhle als Speisesaal und Terrasse direkt am Meer. Im Scheinwerferlicht tummeln sich Schwärme von armdicken Fischen. Auf der Speisekarte findet man dagegen eher internationales Einerlei (Fleischspießchen Sa Nacra 10 €), und die Musik könnte ruhig ein wenig dezenter sein.

Sa Quadra: Cala Santandria, Tel. 971 48 09 59, tgl. 18–23.30 Uhr.
Ein immer gut besuchtes Speiselokal, hinter dem Strand unter schattigen Kiefern, mit hübschem Ziehbrunnen und plätschernden Wasserkanälen, teilweise in einer Natursteinhöhle eingerichtet. Tagesmenü, internationale Küche und menorquinische Spezialitäten, wie z. B. *Solomillo de cerdo con ciruelas* (Schweinefilet mit Pflaumen für 13,90 €).

Bus: tgl. alle halbe Stunde nach Ciutadella.

Sa Mesquida (J/K 5)

Nur knapp 5 km nördlich von Maó liegt der aus rund 70 Sommerhäusern bestehende kleine Küstenort. Der etwa 800 m lange, helle Sandstrand der gleichnamigen Bucht ist ein beliebter Badeplatz für die Hauptstädter. Eine Brücke verbindet den Ortseingang mit der Felsinsel S'Illot, auf der eine Hand voll weiße Häuser auf schwarzen Felsen thront. Im mittleren Teil der Bucht mündet ein kleiner Wildbach, und auf einer Felsnase über dem Sandstrand erhebt sich der englische Wachtturm aus dem Jahr 1799, der heute Teil eines Privathauses ist (s. Tour 3, S. 112). Am östlichen Strandabschnitt finden hüllenlose Schwimmer geschützte Nischen, in der Niederung hinter der Sandfläche bilden sich im Winter kleine Wassertümpel, die während der sommerlichen Trockenzeit verschwinden.

Sport & Strände

Die Sandbucht gilt als Hausstrand der Mahonesen und idealer Badeplatz für

Behinderte, denn das Auto kann direkt am Strand geparkt werden.

Bar Sa Mesquida: Carrer d'en Fonso 2, Tel. 971 18 83 54, tgl. 13–15.30, 19–23 Uhr.
Bewohner der Sommersiedlung und Stammgäste aus Maó – Bar und kleiner Speisesaal sind immer gut besucht. Die Wirtin kocht Hausmannskost und grillt frischen Fisch wie Steinbutt, Schwertfisch und Tintenfische ab 12 €.
Cap Roig:
Tel. 971 18 83 83,
Di–So 13–15.30, Di–Sa 19–23.30 Uhr.
In bester Lage und mit toller Aussicht hoch über dem Meer gelegen, mit großen Fensterfronten und Terrasse. Paella, Reistopf *(Arròs caldòs),* Nudelpfanne *(Fideuà)* für jeweils 16–18 €, Fisch und Meeresfrüchte je nach Marktangebot.

Ziele in der Umgebung

Cala es Murtar (K 6): Die abgeschiedene Bucht mit Bootsgaragen und Sommerhäuschen liegt nur wenige Minuten von Sa Mesquida entfernt. Dicht zusammengeschmiegt stehen die weiß getünchten Häuser am Hang über dem Meer, unten am Wasser reihen sie sich wie auf einer Perlenschnur rund um die Kieselsteinbucht, die mit getrocknetem Seegras bedeckt ist und rund 30 Llaüts Schutz bietet. Am Rande der Bucht erleichtern Leitern, Steinplatten und ein Sprungbrett das Badevergnügen.

Sant Climent (H 6)

Zwischen Flughafen und der Feriensiedlung Cala en Porter gruppiert sich diese kleine Wohnsiedlung zu beiden Seiten der Durchgangsstraße. Den Ortsmittelpunkt bilden der Kirchplatz und das ›Casino San Clemente‹, in dem sich Besucher zu jeder Stunde leckere Tapas schmecken lassen. Die beiden englischen Pubs ›The Three Horseshoes‹ und ›Coach and Horses‹ weisen auf die vielen englischen Bewohner des Gemeindegebiets hin.

Einkaufen

Quesos San Clemente Bernardo Pons: Sant Llorenç 28, Tel. 971 15 30 61.
Kleine Käserei mit Direktverkauf.

Es Casino: Sant Jaume 4, Tel. 971 15 34 18, Do–Di 10–24 Uhr.
Freundliche Kellner, leckere Tapas (ab 3 €), aber auch Tellergerichte – im Casino geben sich Einheimische und englische Residenten die Klinke in die Hand. Dienstags ab 21.30 Uhr spielt die Jazzband, samstags kann man oft ein Tänzchen wagen.
Es Molí des Foc: Sant Llorenç 65, Tel. 971 15 32 22, So, Mo 19–23.30, Di–Sa 13–15.30, 19–23.30 Uhr.
Das in einem rostrost gestrichenen alten Mühlengebäude untergebrachte Restaurant mit hübschem Interieur und lauschigem Innenhof bietet einen schönen Rahmen für ausgefallene Spezialitäten aus Menorca, Valencia und Katalonien. Zu den Highlights der Küche gehören die menorquinischen Fischgerichte und valencianischen Reispfannen (ab 15 €).

Bus: 16 x tgl. nach Maó und Cala en Porter (außer So).

Ziele in der Umgebung

Es Fornàs de Torelló (H 6): Der auf Privatgrund stehende Talaiot de Torelló ist einer der rätselhaften Türme der Ureinwohner, dessen Besonderheit die fensterartige Öffnung im oberen Teil ist. In den Siedlungsresten im gegenüberliegenden Feld wurde ein Hort römischer Münzen gefunden. Nach 10 Min. Fußweg erreicht man die durch ein Gitter geschützte frühchristliche Basilika von Es Fornàs de Torelló, die auf das 6. Jh. zurückgeht.

Sant Lluís (J 7)

Der Ursprung dieser 3 km südlich von Maó gelegenen Ortschaft (ca. 5900 Einw.) geht auf das 18. Jh. zurück, als die Franzosen, die im Jahr 1756 Menorca von den Briten erobert hatten, einen Mittelpunkt für die verstreut liegenden Weiler und Landgüter schaffen wollten. Sie begannen den Bau einer großen Pfarrkirche, legten rechtwinklige Straßen an und errichteten die ersten Wohnhäuser. So entstand das Stadtgebiet rund um die Kirche und den alten Wehrhof Binifadet mit seinem quadratischen Wachtturm. Inselgouverneur und Stadtgründer Graf von Lannion leitete die Geschicke Menorcas bis zu seinem Tod im Jahr 1762. Ein Jahr später mussten die Franzosen die Insel erneut verlassen. Kurz darauf wurden die drei Windmühlen Molí de Dalt, Molí d'Enmig und Molí de Baix gebaut, deren Türme noch immer an den bäuerlichen Ursprung der Siedlung erinnern. Heute ist Sant Lluís eine angenehme, lichterfüllte Ortschaft mit blendend weißen Wohnhäusern, gepflegten Grün- und modernen Sportanlagen.

Sehenswert

Das **Kreuz** auf dem Pla de sa Creu erinnert an den französischen Inselgouverneur Graf Lannion. Gegenüber erhebt sich die **Pfarrkirche.** An der Fassade prangt noch das Wappen Frankreichs mit der Inschrift »Divo Ludovico Sacrium dedicavere gall« (»Dem hl. Ludwig weihen die Franzosen dieses Gotteshaus«).
Molí de Dalt: Tel. 971 15 10 84, Mo–Fr 10–14, Sa 10–13 Uhr.

Wie viele Köpfe braucht ein Mensch? ...
Künstler Antonio Vico in seinem Atelier in Sant Lluís

Das ethnologische Museum in der 1762 erbauten Getreidemühle mit dem markanten blau-weiß gestreiften Dach ist die Hauptattraktion von Sant Lluís. Zu den Ausstellungsstücken zählen Feld- und Handwerksgeräte, alte Fotografien, die die Geschichte der Ortschaft dokumentieren, sowie alle Gerätschaften, die zum Getreidemahlen gehören. Leider ist die Mühle wegen Restaurierungsarbeiten häufig geschlossen.

Sport

Hipódrom Municipal:
Zwischen Sant Lluís und Maó.
Jedes Wochenende Trabrennen, im Sommer Sa um 17.30 Uhr, im Winter So um 11 Uhr.
Aeroclub: Das Flugfeld neben der Pferderennbahn wird nur von Privatmaschinen benutzt. Es können preiswerte Rundflüge über die Insel vereinbart werden.

Hotel Son Tretze: Urlaub nach Maß

Am Ortsrand von Sant Lluís gelegenes Wohnhaus aus dem Jahr 1720, von den freundlichen Besitzern in mühevoller Kleinarbeit restauriert und geschmackvoll eingerichtet. Acht geräumige Zimmer, z. T. mit Terrasse, sehr schön ist z. B. die zum Garten gelegene Junior-Suite Nr. 6. ›Menorca-Touren nach Maß‹ für deutschsprachige Sondergruppen und Incentive-Reisen aller Art sind möglich. Konferenzsaal bis 200 Personen, ideal geeignet für Kurse oder Veranstaltungen.
Sant Lluís, Binifadet 20,
Tel./Fax 971 15 09 43,
sontretze@amaca.com,
www.amaca.com,
DZ 82–155 €, Suite 131–216 €.

Feste & Unterhaltung

Festa de Sant Lluís: Patronatsfeiern mit Reitern, Kutschen, Konzerten, Tanz und Feuerwerk am letzten Wochenende im Aug.

Biniarroca Hotel Rural: Camí Vell, auf der Landstraße Sant Lluís–Es Castell nach 1 km links, Tel. 971 15 00 59, Fax 971 15 12 50, hotel@biniarroca.com, www.biniarroca.com, DZ 80–295 €.
Von Bougainvilleen umschlungenes Landhaus aus dem 15. Jh. mit rauchblau gekacheltem Pool. 12 komfortable Zimmer und Suiten sind mit Antiquitäten und Originalbildern der englischen Malerin Lindsay Mullen geschmückt. Gestylte Gartenanlage und Restaurant mit ausgezeichneter Küche. Behindertenzimmer, Bibliothek, absolut ruhige Lage.
Hotel Son Tretze: s. Tipp.

La Rueda: Carrer de Sant Lluís 30, Tel. 971 15 03 49, Mi–Mo 11–24 Uhr.
Beliebter Treffpunkt von Einheimischen, englischen Residenten und Feriengästen. Riesige Tapa-Auswahl (ab 3 €) von pikanten Hackfleischbällchen bis zum Fischsalat. Preiswert, unkompliziert, gut.

Bus: tgl. alle halbe Stunde nach Maó, mehrere Verbindungen nach S'Algar, Punta Prima, Binibèquer.

Ziele in der Umgebung

Rund um Sant Lluís findet man in den winzigen Dörfern **Torret, S'Ullastrar,**

Es Consell und **Pou Nou (J 7)** sehr schöne Beispiele für die traditionelle Architektur Menorcas und alte Wehrhöfe mit von Zinnen gekrönten Wachttürmen.
Binissafuller (J 7): In Richtung Binibèquer passiert man kurz hinter dem Weiler **S'Ullastrar** die kleine archäologische Stätte Binissafullet mit unter wilden Olivenbäumen stehender Taula und Talaiot.
Bodegas Binifadet: am Ortsausgang von Sant Lluis gelegen (Landstraße Richtung Es Castell), Tel. 971 15 07 15, ww.binifadet.com, Mo–Sa 10– 13.30, 16–20 Uhr.
Weingut mit eigener Kellerei, in der hervorragende Weiß-, Rosé- und Rotweine abgefüllt werden. Besichtigung mit Führung und Weinprobe.

Sant Tomàs (E 5)

Die ruhige, im Gemeindegebiet von Es Migjorn Gran gelegene Feriensiedlung erstreckt sich am Rande eines geraden Sandstrandes. Die meisten Hotels und Apartmentanlagen sind direkt am Meer gelegen. In der Umgebung finden Spaziergänger zahlreiche Wandermöglichkeiten durch Wälder und Schluchten und Strandhungrige kommen an den einsamen Badeplätzen der Strände von Binigaus und Atàlitx auf ihre Kosten.

Sport & Strände

Der Sandstrand von Sant Tomàs gehört zu den längsten der Insel. Er erstreckt sich direkt vor den Hotels dieser Feriensiedlung. Ausweichmöglichkeiten gibt es östlich Richtung Son Bou oder westlich am Strand von Binigaus.
Las Dunas: Freitzeitkomplex mit 2 Tennisplätzen, Billardsaal, Minigolfplatz.
Ponyclub: im oberen Teil der Siedlung ausgeschildert, Tel. 971 37 03 70, Mobil 628 57 91 47, Sa–Do 9.30–13.30 Uhr.
Ausritte mit Reitlehrerin für die kleinen Feriengäste.

Ausgehen

Victory Club: Neben dem Hotel Lord Nelson, tgl. 23.30–3 Uhr.
Nachtclub mit täglichen Shows und Live-Musik.

Mestral & Llebeig: Platja de Sant Tomàs H 9, Tel. 971 37 03 70, Fax 971 37 03 46, mestral@sethotels.com, www.sethotels. com, Apartment je nach Größe und Monat 50–230 €.
Von Grünanlagen umgebener, weitläufiger Apartment- und Bungalowkomplex mit großzügig zugeschnittenen Wohnräumen. Auch Vermietung von Bungalows und Ferienhäusern.
Hotel Santo Tomàs: Tel. 971 37 00 25, Fax 971 37 02 04, santotomas@sethotels.com, www.sethotels.com, DZ 90–240 €.
Angenehmes Vier-Sterne-Strandhotel mit Wellness und Beautyfarm (Pool, Sauna, türkisches Dampfbad, Whirlpool, Gymnastikraum und verschiedene Schönheitsbehandlungen). Wellness-Programme nach Maß.

Es Bruc: Tel. 971 37 04 88, tgl. 10–23 Uhr.
Am Westrand der Siedlung gelegenes Strandlokal, oberhalb der Platja de Sant Adeodat. Die Küche bringt keine Glanzleistungen und selbst die kleinsten Gerichte (Kartoffelomelett, Tintenfischringe usw.) kosten bereits

über 8 € – aber allein der Platz mit seinem Blick aufs Meer ist den Besuch wert.

Bus: 2–3 x tgl. nach Maó und Ciutadella, 4 x tgl. nach Es Migjorn Gran.
Taxi: Tel. 971 36 71 11.

Santa Àgueda (D/E 3)

Der im Gemeindegebiet von Ferreries gelegene Burgberg Santa Àgueda ist mit 264 m die dritthöchste Erhebung der Insel. Auf der Bergspitze sind die Ruinen einer arabischen Festung erhalten. Ausgangspunkt für den etwa 40-minütigen Aufstieg sind die verlassenen Schulgebäude neben dem Landgut Santa Cecilia an der Landstraße Ferreries–Els Alocs. Die Wanderung führt zum größten Teil über einen mittelalterlichen gepflasterten Stufenweg. Das Castell de Santa Àgueda war zwischen dem 11. und 14. Jh. Wohnschloss und Festung der maurischen Wesire und diente dem letzten arabischen Herrscher Abu Umar während der christlichen Rückeroberung (1287) als Zufluchtsort. Die Ruinen gehören heute zu den wenigen architektonischen Überresten aus arabischer Zeit. Die herrlichen Ausblicke über die

fruchtbaren Kulturlandschaften der Inselmitte und die zerklüftete Nordküste entschädigen für den recht schweißtreibenden Aufstieg.

11

Highlight

Son Bou (F 6)

Mit 3 km ist die Platja de Son Bou der längste Strand Menorcas. Er bietet Strandläufern genügend Auslauf, Sonnenanbetern verschwiegene Sandplätze zwischen niedrigen Dünen und Vogelbeobachtern ein schilfbestandenes Moorgebiet, das hinter dem Strand die zweitgrößte Feuchtzone der Insel bildet. Wanderer können durch ein Kiefernwäldchen bis zum Strand von Sant Tomàs laufen. Am östlichen Strandabschnitt erheben sich die beiden Großhotels Milanos-Pinguïnos, dahinter liegen die Reste einer antiken Basilika, und in den Felswänden entdeckt man zahlreiche Wohnhöhlen. Einkaufs- und Einkehrmöglichkeiten bieten die beiden Shoppingzonen. Oberhalb der Feuchtzone schließen sich die ineinander übergehenden Feriensiedlungen Sant Jaume del Mediterrani und Torre Soli mit weitläufigen, von hübschen Gärten umgebenen Bungalowanlagen und am Hang gestaffelten Privatvillen an. Vom oberen Ortsteil nahe dem Hotel San Valentín genießt man einen herrlichen Ausblick auf den gesamten Küstenstrich.

Sehenswert

Basilika de Son Bou: 1951 wurden die Reste der frühchristlichen Basilika de Son Bou (5.–6. Jh.) durch Zufall entdeckt. Wie alle frühchristlichen Gotteshäuser Menorcas liegt sie in Meeresnähe. Bei den Ausgrabungen wurden weder Altarreste noch Mosaiksteine gefunden, aber die Grundmauern sind so gut erhalten, dass man noch genau den architektonischen Grundriss mit drei Schiffen, Narthex und Sanktuarium sowie das aus einem Stein gehauene Taufbecken betrachten kann.

Centro de Medio Ambiente: Im Sommer 2002 wurde in einem Holzhäuschen, neben dem Hotel Milanos-Pinguïnos, ein Umweltzentrum eingerichtet, in dem eine Ausstellung über die Charakteristiken der Feuchtgebiete,

Beach Bar am herrlich langen Strand von Son Bou

Seegraswiesen und Dünensysteme informiert.

Sport & Strände

Strände: s. Ortsbeschreibung.
Tretbootverleih: Vor dem Hotel Milanos-Pinguïnos.

Tauchen

Son Bou Scuba Menorca:
Centro Comercial San Jaime,
Tel. 696 62 82 65,
www.sonbouscuba.com.
Erforschung von herrlichen Unterwasserhöhlen, PADI-Kurse für Anfänger und Fortgeschrittene. Ausbildung und Ausfahrten unter deutscher Leitung.

Wasservergnügungspark

Club San Jaime: Urbanizació Sant Jaume, Tel. 971 37 27 87.
Großer Pool, Aquapark mit Rutschen, Restaurant und das ›Labirint Amaze'n‹, ein aus Holzwänden zusammengesetztes 800 m² großes Labyrinth.

Bowling

Bou Bowl: Parcela 3HC,
Centre Comercial Son Bou,
Tel. 699 01 77 46.
Freizeitzentrum mit 16 Bowlingbahnen, Billardtischen und Spielautomaten.

Ausgehen

Bou Hai: Centre Comercial Son Bou, tgl. 12–4 Uhr.
Unter dem schilfgedeckten Vordach lässt man sich im bequemen Korbsessel exotische Cocktails schmecken.
Copacabana Disco Bar: Centre Comercial Son Bou,
tgl. 20–4 Uhr.
Heiße Disco-Musik, große Terrasse – ideal für lange Sommernächte mit Blick auf den Sternenhimmel und das Meer.

Royal Son Bou:
Platja de Son Bou,
Tel. 971 37 23 58, Fax 971 37 82 81,
royalsb@infotelecom.es,
www.royalsonbou.com,
Apartments und Duplex 50–180 €.
Apartmentanlage mit 1 oder 2 Schlafzimmern (Duplex). Die Apartments haben Küche, Terrasse, TV, Telefon. Im Family Club dreht sich alles um die kleinen Gäste. Das Animationsprogramm ist nach Alterstufen gegliedert. Badespaß bieten der palmenumstandene Pool und der 150 m entfernte feinsandige Strand.
Sol Elite Milanos-Pingüinos:
Platja de Son Bou,
Tel. 971 37 12 00, Fax 971 37 12 26,
sol.club.milanos.pinguinos@solmelia.es, www.solmelia.com,
DZ 60–190 €.
Hotelkomplex mit internationalem Publikum direkt am Strand gelegen mit großem Pool und vielseitigem Sport- und Animationsprogramm für alle Altersklassen. Von den oberen Stockwerken herrlicher Ausblick über Strand und Küstenlandschaft.
Hotel Jardín de Menorca:
Urbanizació Torre Solí Nou,
Tel. 971 37 80 40, Fax 971 37 80 50,
DZ 80–190 €.
Luxuriöses Apartmenthotel mit Hallenbad, Sauna, Wellness, Fitnesscenter, Squash, gepflegten Gartenanlagen und Pool. Im westlichen Teil der Feriensiedlung oberhalb des Feuchtgebietes. Mit Zubringerbus zum Strand.
San Valentín: Urbanizació Torre Soli Nou, Tel. 971 37 26 02, Fax 971 37 23 75, www.valentinhotels.com,
DZ 120–240 €.
Gepflegte Hotel- und Apartmentanlage in ruhiger Lage im oberen Teil der Siedlung, Bus zum Strand, Tennis, Sauna, Wellness, Fitnesscenter, Hallenbad.

Camping Son Bou: Crta. Sant Jaume km 3,5, Tel. 971 37 27 27, Fax 971 37 26 05, info@campingsonbou.com, www.campingsonbou.com, Anf. April–Ende Sept. Zelt 7,10–8,55 €, pro Pers. 6,40–7,75 €, Auto 4,30–5,25 €.
Etwas im Landesinneren gelegener, schattiger Campingplatz der Kategorie 1, weitläufige Wald- und Grünflächen. Pool, Fahrradverleih, Restaurant, Supermarkt, Wäscherei, blitzsaubere Sanitäranlagen. Vermietung von Zeltbungalows und Holzhäuschen.

Viele Restaurants, Snackbars und Cafés gibt es im Einkaufszentrum **Centre Comercial Son Bou.**
Casa Andrés: Centre Comercial Son Bou, Tel. 971 37 19 16, tgl. 13–15.30, 19–23 Uhr.
Von leichten Vorspeisen (mit Thunfisch gefüllte Tomaten) bis zur üppigen Fischplatte (24 €) bietet das Lokal Gerichte für jeden Geldbeutel.
Es Forn: Torre Soli Nou, Tel. 971 37 28 98, Mi–Mo 18–23 Uhr.
Altes, weiß gekalktes Landgut, in der Nähe des Hotels San Valentín, im Garten Tische unter der blumenumrankten Pergola. Auf der Karte stehen in erster Linie Fleisch vom Holzkohlengrill, z. B. *Conejo salvaje* (Wildkaninchen, 15 €). Alle anderen Fleischgerichte werden nach Kilopreis in Rechnung gestellt.

Son Parc (G 3)

Von der Nordstraße führt die kurvenreiche Zufahrtsstraße an den sanft gewellten Greens des Golfclubs vorbei und taucht dann in die schattigen Kiefernwälder ein. Die ruhige, waldreiche Feriensiedlung zieht sich nordwärts bis zum Meer, wo sich die weite Bucht von Arenal de Son Saura mit dem schneeweißen Dünenstrand erstreckt. Geschäfte, Bars und Restaurants findet man küstenfern am Ortseingang oder im Vial de l'Arenal.

Sport & Strände

Der **feinsandige Strand** erstreckt sich dünenartig ins Landesinnere und wird von Kiefernwäldern begrenzt.
Golf Club Son Parc: Tel. 971 18 88 75, Fax 971 35 95 91, www.golfsonparc.com.
Die Fans der Greens finden bei Son Parc den einzigen Golfplatz auf der Insel. Die 1977 eröffnete Anlage bietet 18 Löcher, es gibt Unterricht für Einsteiger und Fortgeschrittene, Übungsgelände, Putting Green, Mietbuggies, Clubhaus mit Duschen und Umkleidekabinen, Bar- und Restaurantterrasse mit Blick auf das Golfgelände. Golfshop und zwei Tennisplätze. Startzeitreservierung ist empfehlenswert.

Ausgehen

Phils Pub: Am Ortseingang links neben dem Restaurant Captain Cook, tgl. 18–3 Uhr.
Der Engländer Phil und seine menorquinische Frau Aleja sorgen für Drinks und Unterhaltung mit Billard, Live-Musik und diversen Wettbewerben. Serviert werden Englisches Bier und Bar-Snacks.

Unterkünfte in den Anlagen **Beach Club** (hoch über dem Sandstrand) und **Sol Park** (im schattigen Wald) können nur über Reiseveranstalter reserviert werden.

Sa Barraca de's Carboner: Crta. Maó–Fornells km 17,

Tel. 971 37 15 79,
Di–So 13–15.30, 19–23 Uhr.
Am Rand der Nordstraße gelegene alte Köhlerklause, in der seit 30 Jahren im rustikalen Speisesaal oder unter schattigen Steineichen Kaninchenbraten, Lammschulter oder Schweinefilet (14–21 €) serviert werden.

Son Xoriguer/ Cala en Bosc (A 5)

In den Hotel- und Apartmentanlagen rund um die beiden Sandbuchten Son Xoriguer und Cala en Bosc sowie am steinigen Cap de Artrutx beim Leuchtturm können mehr als 7000 Urlaubsgäste ihre Ferien verbringen. Es handelt sich um das größte Feriengebiet der Insel. Besonders bei deutschen Familien sind die kinderfreundlichen Anlagen mit den vielen Grünflächen, den sanft ins Meer abfallenden Stränden und den vielen Sport- und Freizeitangeboten sehr beliebt.

Wellness in Son Xoriguer

Das La Quinta Beach Hotel & Spa, ein exklusives Fünf-Sterne-Hotel mit 82 Zimmern und vielseitigem Wellness-Angebot, wurde 2001 in Son Xoriguer eröffnet. Die Beautyfarm mit Hallenbad, Sauna, türkischem Bad und Whirlpool lässt keine Wünsche offen. Dazu verwöhnen ein Spezialitätenrestaurant, eine Pianobar und 5000 m^2 Gartenfläche mit Pool die Gäste.
La Quinta Beach Hotel & Spa:
Avinguda Son Xoriguer,
Tel. 971 05 50 00,
Fax 971 05 50 01,
www.laquintamenorca.com,
DZ 206–278 €, Suite 300–382 €.

Sehenswert

Lago de Cala en Bosc: Ursprünglich befand sich hinter der Sandbucht von Cala en Bosc ein Sumpfgebiet, dessen Wasserfläche zu einem Sportboothafen umgestaltet und durch einen künstlichen Kanal mit dem Meer verbunden wurde.
Far d'Artrutx: Der Leuchtturm am Cap d'Artrutx, an der Südwestspitze Menorcas, kann zwar nicht besichtigt werden, stellt aber ein schönes Fotomotiv dar und seine Umgebung bietet an klaren Tagen herrliche Ausblicke auf die Nachbarinsel Mallorca, die von dieser Stelle aus nur etwa 34 Kilometer entfernt liegt.

Sport & Strände

Die beiden kleinen **Sandstrände** von Son Xoriguer und Cala en Bosc sind feinsandig. Son Xoriguer ist mittlerweile ein wichtiges Wassersportzentrum.

Ein Spaziergang über den abwechslungsreichen Küstenpfad führt in gut 1 Std. vom Strand Son Xoriguer zum herrlichen **Naturstrand von Son Saura.**

Reiten

Son Olivar Nou: Cala en Bosc–Ciutadella km 1 (nach Verlassen der Feriensiedlung auf der rechten Seite der Landstraße), Tel. 655 26 25 77.
Reiterhof mit Kursen und Ausritten.

Tauchen

Sub Menorca: Hotel Falcó,
Son Xoriguer, Tel. 609 65 69 16,
www.submenorca.de.
Tauchschule unter deutscher Leitung. Schnorchel- und Juniorkurse für Kinder ab zehn Jahre. Auffrischungskurse,

Nacht-, Wrack- und Grottentauchen. PADI- und Dive-Master-Kurse.

Wassersport
P & F: Am Lago, Tel. 610 26 12 91, www.barcosdealquiler.com.
Bootsverleih und Angelfahrten mit und ohne Skipper.
Surf & Sail: Wassersportzentrum am Strand von Son Xoriguer, Tel. 629 74 99 44, www.surfsailmenorca.com.
Das ganze Programm an Funwassersport besonders für Anfänger: Windsurfen, Wasserski, Parasailing, Bananaboat, Katamaran- und Jollen-Segeln.

Wasservergnügungspark
Aquarock: Hinter dem Hotel Marinda Garden, Tel. 971 38 78 22, www.aquarockmenorca.com, tgl. 10.30–22.30 Uhr.
Moderner Wasservergnügungspark mit Rutschen, Wellenbad, Whirlpool, Hüpfburgen und Gokart-Bahn.

Club Ciudadela: Son Xoriguer, Tel. 971 38 71 05, Fax 971 38 70 81, club@surfsail menorca.com, 50–130 €.
Kleine Apartmentanlage mit blau-weißen Häuschen, hübschem Garten und Pool, Mountainbike-Verleih.
Windrose: Urbanizació Son Xoriguer, Tel. 971 38 71 16, Fax 971 38 71 16, www.apart-menorca.de, Bungalow 45–175 €.
Schöne Bungalowanlage nur wenige Meter vom Strand Son Xoriguer entfernt. Häuser mit Platz für bis zu 6 Personen, teils mit 2 Bädern, Kamin, Terrasse.
La Quinta Beach Hotel & Spa: s. Tipp, S. 102, und S. 31.

Rund um den Lago (›See‹) gruppieren sich viele Lokale, die besonders abends gut besucht sind.
Café Balear: Lago 16, Tel. 971 38 73 66, tgl. 12.30–16, 19–23 Uhr.
Das hauseigene Fischerboot sorgt für Fangfrisches aus dem Mittelmeer. Es gibt Tapas und Rationen (mittelgroße Portionen), beispielsweise gegrillte Sardinen für 6,50 € oder Messermuscheln für 13,50 €.

Mini Tren: Der Minizug fährt durch die ganze Siedlung.
Bus: Alle 30–60 Min. nach Ciutadella, Abfahrtsstellen an verschiedenen Punkten des Feriengebietes.

Ziele in der Umgebung

Fahrradtouren: Eine gut ausgebaute Landstraße mit Seitenstreifen führt zu der etwa 10 km entfernt gelegenen Stadt Ciutadella und den Stränden der Westküste.
Bootsfahrten: Vom ›Lago‹ starten tgl. um 10 und 14 Uhr Küstenfahrten mit Badepause zu den schönsten Stränden der Südküste (Dauer: 3,5 Std). Im Hochsommer ist eine Voranmeldung zu empfehlen (Don Pancho, Tel. 619 08 14 45).

Highlight 12

Torralba d'en Salort (G 5)

3 km südlich von Alaior liegt die bedeutende prähistorische Siedlung Torralba d'en Salort (s. Tour 1, S. 109). Hier ist die besterhaltene, schönste und höchste Taula der Insel zu bestaunen. Ein Forscherteam um den spanischen Archäologen Manuel Fernández Miranda legte zwischen 1974 und 1982 Feuerstellen, Keramikscherben, Knochenreste von Schweinen, Ziegen und Jung-

rindern frei. Die Funde deuten darauf hin, dass die Stätte um 1000 v. Chr. zur Darbringung von Opfergaben diente. Einer der beiden Talaiots – runde, kegelstumpfförmige Türme –, die sich ganz in der Nähe befinden, wird auf das Jahr 1200 v. Chr. datiert.

Außerdem bietet die heute zu einem archäologischen Park ausgebaute Siedlung der Ureinwohner einen unterirdischen Säulengang, ein Wasserauffangsystem, einen kleinen Steinbruch und künstliche Begräbnishöhlen.

Torret/Torret de Baix (J 7/8)

Torret ist ein Dörfchen wie aus dem Bilderbuch: mit Mauern, die von rosa Bougainvillea überwuchert sind, lustigen Windrädern auf blendend weißen Dächern, blühenden Gärtchen und versteckten Restaurants. Am besten lässt man das Auto an der Einfahrt stehen und geht zu Fuß durch die schmale Hauptstraße. Hinter dem Wachtturm führt ein Weg Richtung Meer bis nach Torret de Baix, dem am Meer gelegenen Ortsteil, der sich terrassenförmig um die felsige Cala Torret gruppiert. Die Küstensiedlung, in der es Bars und Restaurants gibt, ist auch mit dem Auto über Biniancolla auf der Küstenstraße erreichbar.

Sport & Strände

Der Küstenort besitzt keinen Sandstrand. Die nächsten Badebuchten sind Punta Prima im Osten und Binibèquer im Westen.

Tauchen und Bootsausflüge
Tritom Diving Center:
Tel. 609 61 75 20 und 606 40 97 30, www.tritondivingcenter.com. Tauchkurse in deutscher Sprache, Nacht- und Grottentauchen, Bootsverleih und Bootsausflüge zur Illa de l'Aire und zu verschiedenen Buchten an der Südostküste. Auch Apartmentvermittlung.

Einkaufen

Einkaufsmöglichkeiten gibt es nur in der Küstensiedlung Torret de Baix und an der Landstraße Torret–Binissafúller:
Sa Botiga de S'Uestra: Camí de S'Uestra 44 A. Kleiner, aber gut bestückter Supermarkt.

Ausgehen

Bar Paupa: Cala Torret, tgl. 11–3 Uhr. Treff für Taucher und andere Nachtschwärmer, direkt am Meer neben der Tauchschule. Schöne Aussichtsterrasse, Drinks, kleine Gerichte und sporadisch Live-Musik.

Sa Cova: Cala Torret, Tel. 654 33 25 14, Mi–Mo 19–3 Uhr.
Uriges Höhlenrestaurant mit nur sieben Tischen, aber mit großer Gartenterrasse. Die Besitzer servieren argentinische Spezialitäten vom Holzkohlengrill.
Na Rosa: Plaça de sa Font, Cala Torret, Tel. 971 15 08 03, Di–So 19–1 Uhr.
Rot-weiß ausgestattetes und mit Bildern dekoriertes Bistro, die von David Monrós stammen, einem erfolgreichen, auf Menorca ansässigen Künstler. Große Auswahl an spanischen und französischen Käsesorten (Käseplatte mit fünf Sorten 16 €), Salatteller, Wurstplatten, ausgesuchte Weine, hausgemachte Desserts.

Weiß gekalkte Schmuckstücke sind die Häuser in Torret

13

Extra-

Fünf Extra-Touren

1. Rätselhafte Steine – Zu den Stätten der Ureinwohner: Eine Auto- und Wandertour zu Talaiots und Taulas
2. Alles ›very british‹: Eine Bootsrundfahrt durch den Hafen von Maó

Alle Touren sind auf dem großen Faltplan eingezeichnet

Touren

Tour 1

Wenn das bloß hält: Taula bei Alaior

Rätselhafte Steine (A 3–J 6)

Zu den Stätten der Ureinwohner

Vor mehr als 4000 Jahren richteten sich die ersten Bewohner Menorcas in Felsgrotten, am Rande von fruchtbaren windgeschützten Schluchten ein. Ab dem 2. Jt. v. Chr. entstanden die ersten Steinbauten, darunter bootsförmige Wohnstätten, unterirdische Grabräume und Steinkistengräber. Später wurden bootsförmige Begräbnisstätten, Rundhäuser, Türme und die mysteriösen Steintische errichtet. Die Spuren ihres Schaffens sind noch überall auf der Insel zu finden.

Ausgangspunkt Ciutadella

Das übersichtlich gestaltete **Museu Municipal** (Stadtmuseum) von Ciutadella bietet einen guten Einblick in die Welt der Ureinwohner. Die Ausstellung umfasst Abbildungen der prähistorischen Siedlungen sowie Fundstücke wie Statuen, Kultobjekte, Werkzeuge und Schmuckstücke. Auch im **Diözesanmuseum** von Ciutadella gibt es eine interessante Sammlung der menorquinischen Vorgeschichte (s. S. 60 f.).

3 km außerhalb der Stadt finden wir südlich der Hauptstraße einen großen Parkplatz und 500 m von der Straße entfernt ein lang gestrecktes Gebäude, das wie ein umgekehrtes Boot aus Stein auf dem Feld liegt. Es handelt sich um die berühmte **Naveta des Tudons,** eines der ältesten und meistbesuchten Steinmonumente der Insel. Die Nutzung dieser Begräbnisstätte geht bis auf ca. 1200 v. Chr. zurück. In der Grabkammer fand man Knochenreste von rund 100 verschiedenen Toten sowie Grabbeigaben wie Keramikgefäße und Bronzearmreifen. Die Zahl der Skelette lässt auf eine Benutzung als gemeinschaftliche Begräbnisstätte schließen.

In der nur knapp 4 km entfernt gelegenen Siedlung von **Torrellafuda** finden wir einen aus großen Quadersteinen zusammengesetzten Talaiot. Von diesen bis zu 14 m hohen Türmen, die vermutlich als eine Art Schutzburg dienten, sind heute noch mehrere Hundert Exemplare auf der Insel zu finden. Aufgrund ihrer großen Zahl wird die gesamte Steinkultur der Ureinwohner als Talaiot-Kultur bezeichnet. Das Kleinod von Torrellafuda ist jedoch nicht der Turm, sondern die Taula, ein kleiner Steintisch, der sich idyllisch unter Olivenbäumen versteckt.

Zur Maurenhöhle

Kurz vor Erreichen von Ferreries zweigt rechts die schmale Landstraße nach Es Migjorn Gran ab. 500 m nach Passieren der Brücke geht es rechts nach **Son Mercer de Baix.** Herausragendes Bauwerk der Siedlung ist die unter dem Namen **Cova des Moro** (Maurenhöhle) bekannte bootsförmige Wohnstätte, deren Bedachung bei starken Regenfällen eingestürzt war und nach langwieriger Restaurierung seit 2003 wieder in ihrer ursprünglichen Form zu sehen ist. Hinter dem Gebäude kann man die Grundmauern weiterer Wohn-Navetes erkennen und die Reste einer ehemaligen Werkstatt, wo man Hinweise auf die Metallbearbeitung zur Herstellung von Werkzeugen, Waffen und Schmuckstücken aus Bronze, Kupfer, Eisen und Blei fand. Hinter dem Bauernhof von Son Mercer de Baix liegt im linken Feld eine unterirdische, in das Muttergestein gearbeitete Begräbnishöhle mit länglichem Grundriss, vier seitlichen Grabbänken und einer Apsis mit zwei Nischen für Gebeine.

Talaiots und Taules bei Alaior

Südlich von Alaior erreichen wir **Torre d'en Galmés,** eine weitläufige Anlage mit drei Talaiots, mehreren talaiotischen Rundhäusern, einem Taula-Kreis mit heruntergefallenem Deckstein, der von den Römern vermutlich als Sarkophag benutzt wurde. Im Taula-Bereich wurde eine Statuette von Imhotep, dem ägyptischen Gott der Medizin, gefunden. Im südlichen Teil der Siedlung befindet sich ein ausgedehntes Regenwasserauffangsystem und der schönste unterirdische, von flachen Steinplatten abgedeckte Säulengang *(sala hipóstila)* der Insel, der vermutlich als Vorratskammer diente.

Ebenfalls im Gebiet von Alaior befindet sich der archäologische Park **Torralba d'en Salort** (s. S. 103). Ein Übersichtsplan am Parkplatz und die vor jedem Monument aufgestellten Tafeln verschaffen einen guten Überblick über die verschiedenen Bauwerke. Highlight der Siedlung ist die besterhaltene Taula der Insel. Obwohl die T-förmigen Steine den Wissenschaftlern noch immer Rätsel aufgeben, weisen die Funde von zahlreichen Tierknochen und großen Feuerstellen auf ihre Verwendung als Kult- und Opferstätten hin. Ein deutsches Forscherteam, das sich jahrelang mit den mysteriösen Steintischen beschäftigt hat, ist der Meinung, dass sie auch astronomischen Zwecken gedient haben könnten.

Hinter der von einem hufeisenförmigen Mauerring umgebenen Taula fanden die Archäologen einen gut erhaltenen Bronzestier, ein Prachtstück, das man heute im **Museu de Menorca in Maó** bestaunen kann. Dort können Archäologieinteressierte ihre in der freien Natur gesammelten Eindrücke vertiefen.

Tour-Info

Art der Tour: Auto- und Wandertour
Dauer der Tour: 1 Tag
Beste Tage: Di–Sa
Museen: Museu Municipal de Ciutadella (Stadtmuseum), Bastió de Sa Font, Di–Sa 10–14 Uhr. Museu Diocesà de Menorca (Diözesanmuseum), Carrer del Seminari 9, Mo–Sa 10.30–14 Uhr. Museu de Menorca (Inselmuseum), Claustre de Sant Francesc, Maó, Di–Sa 10–14, 18–20.30, So 10–14 Uhr.
Einkehrmöglichkeiten: In allen Ortschaften am Rande der Inselhauptstraße oder im Museums-, Einkaufs- und Restaurantkomplex Sa Farinera bei Es Mercadal. In der prähistorischen Stätte Torralba d'en Salort gibt es einen Getränkekiosk.

Tour 2

Wahrzeichen von Port Maó:
Mô, die Meerjungfrau Menorcas

Rund um Port Maó (J 6–K 7)

Alles ›very british‹

»Die Häfen der Inseln sind ihre großen, natürlichen, wahren Türen«, schrieb der mallorquinische Literat Guillem Frontera. Über den Hafen von Maó gelangten nicht nur Händler und Waren, sondern auch neues Gedankengut und kulturelle Strömungen nach Menorca. Besonders im 18. Jh. interessierten sich die Seemächte Europas für den geschützten Ankerplatz, die starke Festung von Sant Felip war ein Zankapfel der Nationen. Fast 70 Jahre hatten die Briten auf Menorca das Sagen, was noch heute besonders rund um den Hafen in Form von architektonischen Details zu spüren ist.

Rundfahrt durch den größten Naturhafen des Mittelmeers

Eine Hafenrundfahrt mit dem gelben Katamaran gehört zum absoluten *must* aller Menorca-Besucher. Eine gute Stunde dauert die Fahrt durch den größten Naturhafen des Mittelmeers. Kaum hat der Kapitän die Leinen gelöst, taucht auf der Nordseite der Handelshafen, der rauchende Schornstein des Elektrizitätswerkes und die **Halbinsel Pinto** auf, die den Briten einst als Seebasis diente. Die prachtvollen Villen am Nordufer gehören reichen Menorquinern, spanischen Anwälten, Ärzten, Schauspielern und englischen Millionären.

Hat das Boot einmal den inneren Teil des Hafens verlassen, kommt die große **Illa del Rei** (Königsinsel) in Sicht, deren Name auf die Landung des aragonesischen Königs Alfons III. zurückgeht, der Menorca 1287 von der maurischen Besetzung zurückeroberte. Die Briten bauten in der zweiten Hälfte des 18. Jh. ihr Militärkrankenhaus auf dieser Insel, die bald darauf unter dem Namen *Bloody Island* bekannt war. Diesen Namen kann man noch heute auf vielen alten Seekarten lesen. Im Museum von Menorca findet man ein prachtvolles Bodenmosaik einer frühchristlichen Basilika, die auf der Insel entdeckt wurde.

Links auf dem Hügel thront das prachtvolle rosa Villenhaus, das die Engländer **Golden Farm** nennen. Lord Nelson und Lady Hamilton sollen dort Ende des 18. Jh. ein geheimes Tête-à-tête gehabt haben. Das von Wasser umgebene weiße Häuschen mit der seitlichen Treppe heißt **Little Venice** (Klein-Venedig). Es gehört dem englischen Multimillionär Richard Brandson. Hinter der weiß gekalkten Mauer verbirgt sich der anglo-amerikanische Friedhof, auf dem britische Diplomaten und amerikanische Seeleute ihre letzte Ruhe fanden. Auch der deutsche Kapitän Karl von Bunsen liegt hier begraben.

Die luxuriösen Ferienhäuser der **Cala Llonga** gehören vor allem Festlandspaniern und (europäischen) Ausländern. Nach Passieren der **Lazarett-Insel** kommen am Rand der Steilküste von **La Mola** mehrere britische Verteidigungstürme in Sicht. Auf der hohen Klippe erhebt sich die Festung von Isabel II. aus der zweiten Hälfte des 19. Jh. An der südlichen Hafeneinfahrt liegen die Reste der **Festung Sant Felip,** die die Briten im 18. Jh. zu einer der größten militärischen Anlagen Europas ausgebaut hatten.

Daran anschließend erstrecken sich die Feriensiedlungen Sol del Este und Santa Anna und die britische Garnisonsstadt **Es Castell,** das *Georgetown* der Engländer, dessen Stadtbild noch heute von englischen Zollhäuschen mit roter Fassade, schnurgeraden Straßen und Häusern mit Vertikalschiebefenstern geprägt wird. Oberhalb der idyllischen Bucht **Cala Fonduco** steht das rote **Collingwood House,** in dem Lord Collingwood, Oberbefehlshaber der britischen Flotte, Ende des 18. Jh. eine Zeit verbracht haben soll. Heute ist das Gebäude ein charmantes Hotel, in dem vor allem Engländer ihre Ferien verbringen. Oberhalb des Spielkasinos und Yachtclubs, dessen blauer Dachaufsatz einem Schiffsschornstein nachempfunden ist, erhebt sich das im britischen Kolonialstil gestaltete **Hotel Port Mahón,** das Anfang der 1950er Jahre als eines der ersten Unterkunftsbetriebe der Insel entstand. Ein herrlicher Blick auf die Skyline der Altstadt von Maó bildet den Abschluss der Hafenrundfahrt.

Ausklang im Fort Marlborough und in Es Castell

Mit dem Auto fahren wir nun Richtung Es Castell und folgen dem Schild **Fort Marlborough** (s. S. 68). Diese Festung an der idyllischen Bucht Sant Esteve wurde von den Briten im 18. Jh. zum Schutz des Forts von Sant Felip gebaut. Vor wenigen Jahren entstand in den alten Gemäuern ein hochmodernes Museum, das den Besucher in die Zeit versetzt, als Menorca von Briten, Franzosen und Spaniern heiß umkämpft war.

Die Eindrücke der Zeitreise kann man im **Militärmuseum** von Es Castell (s. S. 67) vertiefen, in dem die Militärgeschichte der Insel und alle Festungen ausführlich dokumentiert sind, oder bei einem Mittagessen an der Hafenbucht von **Cales Fonts** ausklingen lassen. Ein stilvoller Abschluss ist auch ein Drink in einem der englischen Pubs oder an Peters Getränkekiosk auf dem von britischen Kasernen und dem rot gestrichenen Rathaus umgebenen ehemaligen Exerzierplatz (bis Ende 2009 gesperrt). Dort treffen sich Andalusier, Menorquiner, Briten, und auch der Pfarrer aus der nahen anglikanischen Kirche schaut gern auf ein Bierchen vorbei.

Tour-Info

Art der Tour: Boots- und Autotour, Hafenrundfahrt: 1. Abfahrt um 10.30 Uhr (Auskunft unter Tel. 639 67 63 51)
Dauer der gesamten Tour: 4–5 Std.
Dauer der Hafenrundfahrt: 1 Std.
Beste Tage: Mi und Fr
Museen: Fort Marlborough, Di–Sa 9.30–19, So u. Mo 9.30–14.30 Uhr. Museu Militar, Mo, Mi, Fr u. 1. So im Monat 11–13 Uhr
Einkehrmöglichkeiten: Am Hafen von Maó oder in Es Castell

Tour 3

Trutzige Wacht am Meer:
Torre de Sa Mesquida

Wenn Feinde nahen (J/K 5–F 2)

Die Wachttürme von Menorca

Trutzig steht der mächtige Festungsturm auf der Felsnase aus dunklem Schieferstein, weiß brandet das Meer an die Klippe. Noch immer scheint der Turm von **Sa Mesquida** seine Wach- und Verteidigungsfunktion auszuüben, obwohl heute weder Piraten noch Schmuggler an diesem Küstenstreifen landen. Die Häusergruppe unterhalb des Turmes entstand erst im 20. Jh. Mit Ausnahme von Fornells gibt es keine älteren Siedlungen an Menorcas Küsten, denn in den vergangenen Jahrhunderten machten Piratenschiffe aus der Türkei und Nordafrika den Insulanern das Leben schwer. Deshalb wurden Ortschaften und Bauernhäuser niemals direkt am Meer gebaut, sondern möglichst weit im Inselinneren versteckt. Oft hatten diese Landhäuser festungsartige Anbauten oder starke Türme, weshalb man sie auch Wehrhöfe nannte. Im oberen Teil hatten diese Wehrtürme kleine Öffnungen, durch die man siedend heißes Öl gießen konnte, wenn Angreifer den Turm stürmen wollten.

Die am Ende von lang gestreckten Meeresarmen gelegenen Städte Ciutadella und Maó mussten sich mit hohen Stadtmauern umgeben, und an der Hafenausfahrt von Maó wurde schon im 16. Jh. mit dem Bau einer starken Festung, des Forts von Sant Felip, begonnen. In Küstennähe entstanden auf erhöhten Punkten *atalayas,* Wachttürme in Form eines Zylinders, die aus Stein und Mörtel gebaut wurden. Ihre Aufgabe bestand darin, die Ankunft feindlicher Schiffe zu melden. Hierfür wurden in der Nacht Feuer angezündet und tagsüber Rauchsignale gesendet.

Die *torres de defensa* (Verteidigungstürme), die mit Geschützen, Lagerräumen für Lebensmittel und Munition und einer Zisterne ausgestattet wurden, entstanden im 17. und 18. Jh. Einige dieser Türme bauten die Spanier in den Jahren 1782–1798; die Briten errichteten während der Napoleonischen Kriege elf weitere, darunter die **Torre d'Addaia,** die wir von Sa Mesquida aus auf der Nordstraße erreichen. Dieser Turm entstand im Jahr 1800 und erhebt sich am Rand der lang gestreckten Cala d'Addaia unweit der Stelle, an der die Briten das dritte Mal ihren Fuß auf die Insel gesetzt hatten.

Fornells: Schutzhafen an der Nordküste

10 km von Addaia findet man in **Fornells** gleich zwei Beispiele für die britischen Verteidigungstürme. Die weite Bucht von Fornells war schon immer ein

beliebter Ankerplatz und bei schlechtem Wetter wichtiger Schutzhafen an der Nordküste der Insel. Deshalb wurden im Laufe der Geschichte verschiedene Wach- und Verteidigungsanlagen gebaut. Zuerst im Jahr 1630, als ein Wachtturm hoch oben auf **La Mola de Fornells** nahende Feinde melden sollte. 1625 begann man auf der Westseite der Bucht mit dem Bau des **Fort de Sant Antoni,** das 1670 fertig gestellt wurde. Im Schutze dieser Festung entwickelte sich daraufhin die Fischersiedlung von Fornells, die einzige alte gewachsene Ortschaft direkt am Meer, deren Einwohnerzahl sich heute auf etwas über 700 Personen beläuft. 1800 bauten die Briten den Verteidigungsturm auf der Felsinsel **Illa de ses Sargantanes,** der wie ein kleines Fort mit Zisterne, Pulvermagazin und drei Kanonen ausgestattet war, die genau auf die Hafeneinfahrt ausgerichtet waren.

Zum gleichen Zeitpunkt entstand die **Torre de Fornells** auf dem Hügel oberhalb der Hafeneinfahrt, die im Jahr 2000 vollkommen restauriert wurde (s. S. 75). In den zu einem modernen Museum umgestalteten Räumlichkeiten finden Besucher eine aufschlussreiche Ausstellung über das Wachtturm- und Verteidigungssystem der Insel der vergangenen Jahrhunderte. Auf zwei Stockwerken sieht man Lagerräume, Vorratskammern und den Offizierssaal. Auf der Dachterrasse sind nicht nur die Stellplätze der Kanonen erhalten, sondern auch der Ofen, in dem die Kanonenkugeln glühend erhitzt wurden, um damit feindliche Schiffe in Brand zu setzen. Zudem bietet das Dach einen herrlichen Ausblick auf das Meer und die herbe Küstenlandschaft rund um Fornells. Nach dem Museumsbesuch und einem Spaziergang vorbei an den Ruinen der Festung von Sant Antoni bietet sich eine Mittagspause in einem der vielen Fischlokale von Fornells an.

An der Landspitze des Cap de Cavalleria

Die Fahrt geht weiter Richtung **Cap de Cavalleria.** Dort gründeten die Römer vor mehr als 2000 Jahren ein Feldlager, die Mauren bauten eine Moschee und die Briten errichteten Ende des 18. Jh. die **Torre de Sa Nitja,** einen weiteren starken Verteidigungsturm.

Das im alten Landgut **Santa Teresa** eingerichtete Ökomuseum, das **Ecomuseu de Cap de Cavalleria,** gibt einen guten Überblick über die Besiedlung dieses Küstengebiets und das Zusammentreffen der ersten Insulaner mit den römischen Eroberern. Die Tische und Stühle unter schattigen Kiefern sind ein herrlicher Platz, um bei einem Kaffee oder kühlen Getränk den Blick über das römische Ausgrabungsfeld bis zum Leuchtturm auf dem Kap, zum britischen Wachtturm und zu den weißen Booten des Schutzhafens von Sa Nitja schweifen zu lassen. In der Umgebung findet man zudem herrliche Naturstrände mit ausgezeichneten Badeplätzen.

Tour-Info

Art der Tour: Autotour
Dauer der Tour: 1 Tag
Beste Tage: Di–So
Museen: Torre de Fornells: Di–So 10–15 Uhr.
Ecomuseu de Cap de Cavalleria (Finca de Santa Teresa): April, Mai, Juni und Okt. tgl. 10–19 Uhr, Juli, Aug. und Sept. tgl. 10–20.30 Uhr
Einkehrmöglichkeiten:
In Sa Mesquida, Addaia, Fornells und im Café des Ökomuseums

Tour 4

Alles Käse! Der Queso Mahón-Menorca ist pikant, aromatisch, lecker …

Die Tramuntana (J 6–E 4)

Das Käseparadies Menorcas

Das Tramuntana-Gebiet ist das am wenigsten besiedelte Territorium Menorcas: Wald- und Weideflächen, sanftes Hügelland und 200 bis 800 ha große Landgüter mit blendend weißen Gutshöfen bestimmen das Bild des Inselnordens. Der raue Wind beugt nicht nur die Olivenbäume nach Süden, er trägt auch Meerwasser in mikroskopischen Tropfen über die Insel und berieselt damit die Weiden. Dadurch erhält das Gras einen ganz besonderen Geschmack, der sich auf die Kuhmilch und somit auch auf den Käse überträgt.

Schon vor über 2000 Jahren nannten die Griechen die Insel Meloussa, die ›Viehreiche‹. Menorquinischer Käse soll schon bei Karthagern und Römern beliebt gewesen sein, und Bischof Severus pries 417 in seiner Enzyklika den ›Caseum vaccinium‹. Exportiert wurde der Käse vermutlich seit dem 13. Jh. in verschiedene Mittelmeerländer, sehr beliebt war er in Italien. Im 18. Jh. hatte sich der Name *Queso Mahón,* nach dem Herkunftshafen, eingebürgert. Seit 1985 besitzt der **Queso Mahón-Menorca** eine geschützte Herkunftsbezeichnung und ist nach dem Manchego der meistverkaufte Käse Spaniens.

Besuch des Gutshofs Subaida

Eine Fahrt auf der Nordstraße führt durch die Wald- und Wiesengebiete des Tramuntana-Gebiets, vorbei an stolzen Landgütern wie dem alten **Gutshof von Subaida** (an der Kreuzung nach Arenal d'en Castell auf den Weg von Binifabini Richtung Alaior abbiegen), auf dessen Ländereien Besucher willkommen sind, seit Bauer Sebastián vor zwei Jahren die Bewirtschaftung des Anwesens übernommen hat. Das in rostroter Farbe gestrichene Landhaus und das 350 ha große Besitztum mit 200 ha Waldfläche, 100 ha Trockenfeldanbau und 50 ha bewässerten Feldern gehört seit 1843 der Familie Montañés, den Gründern der bekannten spanischen Schmelzkäsemarke El Caserío.

Auf den Ländereien grasen friesische schwarzbunte Kühe, deren Milch für die Käseherstellung in der hauseigenen Käserei verwendet wird. Auch andalusische rötlich braune Kühe, die der Fleischproduktion dienen, leben auf dem Bauernhof. Die Schweinezucht liefert deftige Wurstwaren wie *Sobrassada* (Paprikastreichwurst) und *Carn-i-xulla* (salamiähnliche Hartwurst). Auch Obst und Gemüse gedeihen auf den Ländereien. Hauseigener Käse, Wurstwaren, Früchte und Gartengemüse werden in einem kleinen Laden zum Verkauf angeboten.

Käsekunde in Alaior und Ferreries

Bei der Weiterfahrt Richtung Alaior findet man an den Gattertoren zu den Bauernhöfen fast immer ein kleines grünes Schild, auf dem der Name des Hofes und ein Hinweis auf die Mitgliedschaft bei der **Käsegenossenschaft Coinga** vermerkt ist. Diese Kooperative verfügt über mehr als hundert Mitgliedshöfe auf der ganzen Insel und eine Produktionsstätte am Rande der Stadt **Alaior,** die wir über den Weg von Binifabini erreichen. Im Ausstellungs- und Verkaufsraum der im östlichen Stadtgebiet gelegenen Kooperative sind Besucher immer gern willkommen. Ein Videofilm erzählt von der Geschichte des menorquinischen Kuhkäses, erklärt den Produktionsablauf und macht mit den verschiedenen Käsesorten vertraut. Jedes Jahr produziert Coinga mehr als 1000 t Käse, das bedeutet etwa die Hälfte der Gesamtproduktion der Insel. Der Löwenanteil wird in Spanien selbst konsumiert, nur etwa 5 % gehen in den Export, wobei Deutschland mit 2 % der wichtigste ausländische Abnehmer ist.

Je nach Reifezeit unterscheidet man die verschiedenen Käsesorten *tierno, semicurado, Alaior* (eine Spezialität von Coinga) und *curado.* Die Besucher können alle Sorten probieren und ganze Käselaibe oder auch Portionen erwerben. Über den Innenhof der Fabrik, wo die Tankwagen ihre Milch abliefern, gelangt man über eine Rampe zu den Fenstern, die einen Blick in die Produktionshallen ermöglichen.

Nördlich der Altstadt setzen wir die Reise auf dem **Camí d'en Kane** fort. Diese historische Inselstraße führt uns in vielen Windungen an prachtvollen, blitzsauberen Höfen und unzähligen Viehweiden bis nach Es Mercadal. Von dort sind es nur wenige Minuten bis nach **Ferreries,** auf dessen Marktplatz jeden Samstagvormittag ein lebhafter Bauernmarkt stattfindet, auf dem auch Käse verkauft wird.

Das Schild am Ortsrand führt zum Landgut **Hort de Sant Patrici.** Inmitten herrlicher Gartenanlagen haben Mini und Lluís Casals in den ehemaligen Schweineställen ihre große Reifekammer und ein kleines Käse-Museum eingerichtet. Dort können Besucher hölzerne Käsepressen und alte Gerätschaften betrachten, einen Film anschauen und Käse probieren. Ein Teil der Produktion ist *Queso artesano,* von Hand aus Rohmilch hergestellt. Am frühen Vormittag kann man dem Käsemeister bei seiner Arbeit zuschauen. Das geschmackvoll eingerichtete Delikatessengeschäft neben der Käserei bietet kiloweise Käse, dazu Honig, Feigenmarmelade und knusprige Mandelplätzchen. Man kann auch durch den Skulpturengarten spazieren, den Weinkeller besuchen und eine Verschnaufpause unter schattigen Bäumen einlegen.

Tour-Info

Art der Tour: Autotour
Dauer der Tour: 4–5 Std.
Bester Tag: Sa
Käsereien (die Besuchern offen stehen): **Subaida:** Camí de Binifabini, Tel. 618 61 46 35, www.subaida.com
Coinga: Carretera Nueva s/n, Alaior, Tel. 971 37 12 27
Hort de Sant Patrici: Camí de Ruma, Tel. 971 37 37 02, www.santpatrici.com
Bauernmarkt: Jeden Sa Vormittag in Ferreries
Einkehrmöglichkeiten: In Alaior, Es Mercadal, Ferreries

Tour 5

Nette Begegnung am Camí des Cavall, dem ›Pferdeweg‹

Natur Pur (J 4/5)

Streifzüge durch den Naturpark S'Albufera des Grau

Der Naturpark **S'Albufera des Grau** mit seinen Wäldern, Weiden und Wiesen, einer 70 ha großen Lagune, schilfbestandenen Wassertümpeln und herrlichen Badebuchten ist ein ideales Wandergebiet, denn auf wenigen Quadratkilometern finden Naturfreunde alle Landschaftsformen sowie viele seltene Pflanzen- und Tierarten. Das kleine Holzhäuschen mit Informationstafel und Lageplan am Eingang zur Küstensiedlung Es Grau gibt einen Überblick über die verschiedenen Wanderpfade.

Schutz für Flora und Fauna

Wir wählen die **blaue Route** und gehen knapp 5 Min. auf der Landstraße Richtung Maó zurück, bis wir ein hölzernes Gattertor erreichen, das den Eingang zur größten Feuchtzone der Insel bildet. Das Wasser- und Sumpfgebiet ist ein Reservat für viele einheimische Vogelarten. Unter den Wasservögeln können wir Stockenten, Blässhühner und Teichhühner beobachten, im Schilf stolzieren Seiden- und Graureiher und in den Lüften ziehen Raubvögel wie der Rote Milan, der Steinadler und der Wanderfalke ihre Kreise.

Eine Brücke führt über den Kanal **La Gola,** der die Lagune mit dem Meer verbindet. Dem Schild ›Mirador‹ folgend, wandern wir auf hölzernen Stegen vorbei an Tamarisken und anderen salzresistenten Pflanzen, die auf einer Informationstafel präsentiert werden. Nach Passieren einer Trockensteinmauer informiert eine direkt am See aufgestellte Tafel über die Fische und Vögel, die in der Lagune leben. Seit dem Ende des 12. Jh. wird dort Aalfang betrieben. Die in den Bauernhäusern am Ufer lebenden Familien haben noch heute die Erlaubnis, mit besonderen, an Stöcken befestigten Netzen Aale zu fangen.

Wunderbare Ausblicke

Ein recht steiler Stufenweg führt zum **Mirador,** einer Aussichtsplattform, von der sich ein herrlicher Panoramablick über die Wasserfläche mit ihren kleinen Inseln eröffnet. Am Horizont erhebt sich der Monte Toro, Menorcas höchster Berg. Auf Keramiktafeln ist ein Lageplan sowie die Tier- und Pflanzenwelt des Naturparks abgebildet. Nach dem Abstieg biegt ein weiterer Steg links in Richtung Kiefernwäldchen ab. Am Ende des schattigen Pfades informieren Tafeln über Marder, Siebenschläfer und Kaninchen, die in der küstennahen Macchia-Vegetation leben, sowie über die baumartigen Wolfsmilchgewächse, Mastixsträucher und den fünfblättrigen Backenklee, der vom Wind zu rundlichen Kissen geformt wird.

Der Waldweg endet zwischen flachen Dünen am Nordrand der sandigen Bucht. Dort steigen wir links den Hügel nach oben und folgen dem breiten Weg, der im weiten Bogen eine Niederung umrundet, eine einzeln stehende Kiefer passiert und kurz darauf ins nächste Wäldchen eintaucht. Der schattige Pfad endet nach einer Rechtsbiegung auf einer baumlosen Hochebene. Dort eröffnet sich ein traumhafter Blick bis zum schwarz-weiß gestreiften Leuchtturm von Favàritx. Im Vordergrund erhebt sich der starke Wachtturm **Sa Torreta** (auch Torre de Rambla oder Torre de los Tamarells genannt), der im 18. Jh. von den Briten gebaut wurde.

Zum Strand von Es Grau und zur Moorzone Prat

Nach wenigen Metern führt links ein abschüssiger Pfad hinunter zu einer steinigen Bucht. Von dort kann man auf dem Küstenpfad, der z. T. auf dem historischen **Camí des Cavall,** dem ›Pferdeweg‹, verläuft, der für die Wachmannschaften der Verteidigungstürme angelegt wurde, weiter nach Norden in Richtung des Leuchtturms von Favàritx wandern und dabei menschenleere Strände, schilfbestandene Wassertümpel und eine schroffe Schieferlandschaft entdecken. Wer zum Leuchtturm wandern will, muss sich auf einen mehrstündigen Marsch mit Hindernissen einstellen. Weniger Abenteuerlustige steigen zurück auf die Hochebene, wo wir dem Weg immer in Richtung der vorgelagerten Insel **Illa d'en Colom** folgen, dann links gehen und bald unterhalb des Steilhangs etliche Miniaturstrände sehen, die als Geheimtipp für hüllenlose Schwimmer gelten. Nach der Badepause geht's zurück, wir passieren eine kleine Bucht mit weißem Ferienhäuschen, steigen den nächsten Hügel auf losem Schieferstein steil nach oben, umrunden den **Strand von Es Grau,** um dann in der kleinen Bar Es Grau unter schattigen Tamarisken auszuruhen.

Um auf der roten oder grünen Route zu wandern, muss man mit dem Auto ca. 1 km auf der Landstraße Richtung Maó zurückfahren und dann rechts beim Schild ›Parc Natural de S'Albufera des Grau‹ abbiegen. In der ehemaligen Villengegend steht ein neues Informationszentrum. Dort gibt eine Ausstellung einen Überblick über Fauna und Flora des Naturparks. Die **rote Route** führt eben am südlichen Seeufer entlang. Auf der **grünen Route** hat man von den kleinen Hügeln aus schöne Ausblicke: Auf felsigen Inselchen haben Kormorane und andere Wasservögel einen Ruheplatz gefunden und der **Prat,** eine saisonal überflutete Moorzone, dient Enten und Reihern als Rückzugsgebiet.

Tour-Info

Art der Tour: Auto- und Wandertour
Dauer der Tour: 1/2 Tag auf der blauen Route mit anschließender Einkehr in Es Grau. Zusätzlich 1 Std. auf der roten oder grünen Route. Für den Weg zum Leuchtturm sollte man mindestens 5 Std. rechnen.
Geführte Touren: Sa nach Voranmeldung, Tel. 971 35 63 02
Beste Tage: tgl.
Einkehrmöglichkeiten: Mehrere Cafés und Restaurants finden sich in der Küstensiedlung Es Grau, für eine Wanderung bis zum Leuchtturm von Favàritx sollte man jedoch unbedingt Proviant und Sonnenschutz mitnehmen.

Register

Bildnachweis/Impressum

Alle in diesem Buch enthaltenen Angaben wurden von der Autorin nach bestem Wissen erstellt und von ihr und dem Verlag mit größtmöglicher Sorgfalt überprüft. Gleichwohl sind inhaltliche Fehler nicht vollständig auszuschließen. Ihre Korrekturhinweise und Anregungen greifen wir gern auf. Unsere Adresse:
DuMont Reiseverlag, Postfach 3151, 73751 Ostfildern,
info@dumontreise.de, www.dumontreise.de

Bildnachweis:
Titelbild: Blick auf die Cala Macarelleta
Vordere Umschlagklappe: Bougainvillea vor blauem Haus
Vignette: Wassernixen an der Cala d' Algaiarens
S. 6/7: Ferreries, eines der weißen Dörfer im Inselinneren
S. 38/39: Traumbucht an der Südwestküste: Cala Macarelleta
S. 106/107: Küstenpfad zur Cala Pregonda

Fotografen:
Gumm, Monica/White Star (Hamburg): S. 1, 3, 6/7, 8, 12, 28, 41, 44, 69, 95, 98/99, 116
Hackenberg, Rainer (Köln): S. 9, 14, 18, 24, 38/39, 48/49, 52, 66, 72, 76/77, 84/85, 105, 112
Huber, Gernot/laif (Köln): Titelbild, S. 10, 22, 55, 56, 58, 62/63, 80/81, 88, 106/107, 108
Pasdzior, Michael (Hamburg): S. 2, 110, 114
Wieland/laif (Köln): Umschlagklappe vorn

Lektorat: Bärbel Döring
Kartografie: DuMont Reisekartografie, Fürstenfeldbruck

3., aktualisierte Auflage 2010

Grafisches Konzept: Groschwitz, Hamburg
Printed in Hungary